高校体育教学与训练研究

成 耀 著

中国原子能出版社

图书在版编目（CIP）数据

高校体育教学与训练研究 / 成耀著. -- 北京 : 中国原子能出版社, 2021.1 （2023.4重印）
ISBN 978-7-5221-1239-8

Ⅰ. ①高… Ⅱ. ①成… Ⅲ. ①体育教学－教学研究－高等学校 Ⅳ. ①G807.4

中国版本图书馆 CIP 数据核字 (2021) 第 030878 号

高校体育教学与训练研究

出版发行 中国原子能出版社（北京海淀区阜成路 43 号 100048）
责任编辑 杨晓宇
责任印制 赵 明
印 刷 河北文盛印刷有限公司
经 销 全国各地新华书店
开 本 787 毫米 ×1092 毫米 1/16
印 张 9.625 字 数 172 千字
版 次 2021 年 1 月第 1 版
印 次 2023 年 4 月第 2 次印刷
标准书号 ISBN 978-7-5221-1239-8 定 价 56.00 元

网 址：http://www.aep.com.cn E-mail: atomep123@126.com
发行电话：010-68452845

前言

通过调查可知，高校学生对体育课程的兴趣浓厚，在各种运动训练或比赛中，均自觉、主动地表现自我，同时对相关内容的学习与训练具有较强的积极性，在日常教学与训练中，渴望得到相应的指导与培养。在体育教学与训练实践中应结合高校学生的特点，坚持因地制宜、因材施教的原则，并且要保证各项工作的科学性、实效性与合理性，通过系统体育教学与训练模式的构建，吸引学生的注意力，同时也能够激发其学习与受训的热情。

目前，高校体育的课程设置缺乏活力，难以激发学生的学习热情与兴趣，大部分学生在课堂上处于睡觉、聊天、玩游戏等状态，为了改变此情况，高校院校应注重自身课程设置的调整与改进，了解当前学生的兴趣爱好，将其与教学活动有机结合，并且要保证教学形式的丰富性与多样性。同时，在教学过程中，教师应提前了解教材内容，通过备课，保证各内容的有效衔接与科学安排，实际实施时，应注重教学的趣味性、竞争性与合作性。

综上所述，新时代背景下，高校体育教学与训练缺乏明确与高效的方法，严重制约着体育教育事业的发展。为了改变此情况，本书分析了高校学生的特点，阐述了体育教学与训练的对策，相信通过不断的探索与创新，高校体育的教学与训练成效将更加显著，同时学生的综合素质也将大幅提高。

目录

第一章　体育教学概述……1

第一节　体育教学的概念和性质……1

第二节　体育教学的特点和功能……3

第三节　体育教学的原则和规律……10

第四节　体育教学的结构和原理……21

第二章　高校体育教学的研究与探索……28

第一节　体育教学指导思想与制约因素……28

第二节　体育教学体制的目标、内容、方法和评价……30

第三节　体育教学现状的分析和创新设想……40

第四节　体育教学环境的设计与实施……42

第五节　体育教学模式发展趋势研究……45

第六节　体育教学改革的研究……49

第三章　高校体育教学发展的展望……58

第一节　体育教学目标的统一与协调……58

第二节　体育教学内容的选择与开发……61

第三节　体育教学方法的运用与创新……64

第四节　体育教学手段的使用与创新……66

第五节　体育教学模式的多元化发展……70

第六节　体育教学的有效性与正当性……74

第四章　高校体育教学训练方法路径……79

第一节　力量素质和速度素质训练……79

第二节　耐力素质和柔韧素质训练……84

第三节　灵敏素质和协调能力训练……90

第五章　体育运动……99

第一节　篮球运动……99

第二节　排球……111

第三节　形体训练……119

第六章　田径运动健身实践……123

第一节　健身走实践……123

第二节　健身跑实践……126

第七章　高校体育训练教学实践应用研究……131

第一节　足球运动在高校体育教学与训练中的作用……131

第二节　素质拓展训练在高校体育教学中的应用……134

第三节　表象训练法在高校体育舞蹈教学中的应用……137

第四节　循环训练在高校体育教学的应用……139

第五节　分层优化教学在高校体育训练中的应用……141

第六节　户外运动训练在高校体育教学中的应用……144

参考文献……146

第一章　体育教学概述

第一节　体育教学的概念和性质

一、体育教学的概念

（一）教学的概念

为了更好地理解体育教学的概念，可以先对教学的概念进行分析。总的来看，对教学的概念的理解可以分为广义和狭义两个方面。

从广义的角度来看，教学是一种在某种特定形式下开展的教育活动。在这一活动中，负责传授某种知识或特定技能的教学者对受教者进行教育，以期让受教者获得这种知识或技能的活动。其中的教学者可以是教育者，也可以是某种知识的掌握者，所教授的内容可以是一种知识，也可以是某种技能。

从狭义的角度来看，教学是指单纯的学校教学，它由教师和学生两个教学主体协作完成，是以特定文化为对象的教与学相统一的活动。在教学活动中，教师扮演着组织者和指导者的角色。在新时期，有关教学的基本观念是，教学是教与学的统一，教融入学中，而学有教的组织引导。

通过对教学两个方面概念的理解，基本可以总结出教学的概念：在教育目的的规范下，教师的教与学生的学共同组成的一种教育活动。

（二）体育教学的概念

体育教学与教学有很多相似的地方，它也是一种有目的、有计划、有组织地对学生传授知识和技能，发展智力和体力，培养品德和形成个性的教育过程。只不过其教学的内容为体育相关知识与技能，当然教学方法也与其他学科的教学方法有所不同。

体育教学并不是一种随意的、随心而行的教学活动，更不是完全的做游戏和娱乐活动，它需要很多要素的构成才可以正常、合理、科学地开展。一般来说，体育教学主要由以下八个基本因素组成。

1. 学生

学生是体育教学的主体之一，没有学生就不存在体育教学，没有学生就没有组织教学。总之,学生是体育教学中的主体因素,也是最活跃的因素。

2. 教师

教师是体育教学的主体之一，没有教师不可能存在体育教学，没有教师就没有体育教学中的“指导和组织者”。在现代体育教学中，体育教师已经不再扮演过去那种课程的忠诚执行者角色，而是在完成现有课程教学的基础上还要成为体育课程的建设者和开发者。

3. 教学环境

教学环境是支持体育教学顺利开展的各种软件、硬件条件的综合。良好的教学环境对体育教学起着积极的影响，体育教学中一些运动项目的教学对场地条件和设施有着较高的要求,相比其他学科的教学来说,体育教学对教学环境的要求更高。

4. 教学目标

教学目标是教师开展体育教学的基本依据，体育教学没有了目标就变成了无头苍蝇，难以获得向前发展的方向。在体育教学实践中具有多层次的体育教学目标，它们是体育教学中的定向和评价因素。

5. 教学内容

教学内容是由内容的实体（课程）和内容的载体（教科书）共同组成的，它们是体育教师根据社会的要求、学科的体系和学生的需要选编出来的。没有教学内容，体育教学就显得空洞。

6. 教学过程

教学过程是教学的最中心因素，没有了体育教学过程，体育教学也就没有了时间和程序上的支撑,因此也就无从谈起教学的组织和管理。

7. 教学方法

教学方法与教学目标、教师、学生等因素有着密切的关系,它是教师根据教学目标和学生的学习情况所选择的有效的教学技术和手段，其中包含帮助学生理解学习内容的各种信息及其传递方式。

8. 教学评价

教学评价与教学目标、教师之间有着密切的关系，它是教师根据具体的教学目标制定出的各种评价、考核指标，这些指标既包括教师的教学工作，也包括学生的学习情况。

综上所述，便可以总结归纳出体育教学的概念，即在学校教育中，由体育教师和学生协同完成的以传授体育知识和体育技能为手段，以增进学生身心健康，提高身体活动能力、自然和社会环境适应能力，培养良好的思想品德，促进个性发展为目标的教育过程。

二、体育教学的性质

在了解了体育教学概念后，就要对其另一项基本知识进行研究，那就是关于体育教学性质的问题，事物的性质是其与其他事物最明显的差异。性质不同的两种事物其带来的表象自然有一定的区别。就体育教学来说，正是因为它本身所具有的体育教学性质，才能明显区别于数学、语文、英语、艺术等其他学科。

因此，通过归纳可以找到体育教学的诸多特征，如它的教学地点多为户外，教学中师生都要承受一定运动负荷与心理负荷，教学过程是身体活动与思维活动的结合，需要比较频繁的人际交往，体育教学侧重于发展学生身体时空感觉以及运动智力，教学更加关注学生自我操作与体验等。

在体育教学活动中，最重要的一个形式就是对运动技能的教学，它是体育育人的主要方式，而对于运动技能的传授也是体育教学与其他学科教学的主要区别之一。仔细来看，运动技能的形成要经历几个步骤才能最终实现，具体包括动作的认知阶段、练习阶段与完善阶段。在认知阶段中，学生与知识、技能之间的联系最为密切，它的主要目的就是学生对所学技能的结构、要素、关系、力量、速度等要素进行认识。由于运动技术是学生完成动作的方法，因此可以认为运动技术不具有人的特性，而只是作为一种“知识”，或称为“操作性知识”。

综上所述可以断定，体育教学的本质应该是一种针对运动技术和知识的教学。当学生学会了运动知识并将之转化为运动技能后，体育教学的目的就达成了。当然，体育教学活动地点大多在户外的条件也是区别于体育教学与其他教学的特征之一，但现代体育教学场所在室内的也非常多见，如果坚持把“户外”作为条件之一，未免有些不严谨。

第二节　体育教学的特点和功能

一、体育教学的特点

体育教学与其他学科教学有许多相似的特点，它们的共性在于都属于教师与学生的双边活动，这是所有教学活动的共性，教师与学生在教学活动中发生的各种形式的交流都非常频繁，如语言上的交流和肢体动作的交流等。过往这种交流更多的是从教师向学生的方向，现代教学同样也注重使这种交流从学生向教师的方向，不过教学仍旧依靠教师对学生在某种知识和技能方面的传授；其次，以班级为单位开展教学活动也有共性，只不过有些时候班级的组成方式会根据不同需要有不同的编排，如可以根据基础的自然班，或是根据学生的不同兴趣组成的体育教学班等；最后，体育教学与其他学科教学的目的都是一样的，都是为了传授某种知识或技能。

参加体育活动对于学生身心发展具有很好的作用，特别是对正处在身体发育旺盛期的青少年及儿童来说有更加重要的意义。在结合体育教学的性质后，可以把体育教学独有的特点归纳为以下几点。

（一）教学过程的直观性

体育教学过程拥有直观性特点。这种直观性有多种体现，如要求体育教师的语言生动，并且还要富有一定的肢体表现能力，以使学生有形象、贴切、有趣的感觉。在某些拥有较难技术动作的体育运动教学中，教师一方面要把传授的重点进行艺术性的描述；另一方面还要用生动的语言把复杂的技术动作简单化，提升学生对学习成功的自信心，加深学生对教学内容的感知。

实际上，体育教学过程中的每一项内容都具有直观性特点。除刚才说到的课堂讲解，在实践演示中也是如此。在教师运用示范法时，需要运用非常直观形象的动作示范，其中包括正确动作的演示和错误动作的演示，这些演示都是非常直观地展现在学生眼前。这样才会使学生从感官上直接感知动作的正确与错误，以利于他们建立正确的、清晰的运动表象。当学生获得正确表象后，才能使之与思维结合起来，从而达到掌握体育知识、技术和技能的目的，同时，还发展了自身的观察能力和形象思维能力。

从体育教学组织与管理过程方面，也能够看到直观性的特点。鉴于教学过程的直观性，教师的行为也应该带有直观性，如要更加富有责任心、为人师表、德高望重，这对学生的身心也是种无形的教育。另外，直观性特点使得学生在课堂的表现都是最真实的、最直接的，任何伪装在体育教学活动中都是毫无意义的。因此，学生在教学中表现出来的言行都是他们最为真实的一面，而这就非常有利于体育教师对学生的观察与帮助，有利于教师获得正确的教学反馈。

（二）体育知识的传承性

体育是以身体锻炼为主要形式的教育活动。如果从教与学的角度来说，可以将体育知识形容成一种“身体的知识”。这种知识伴随着人类的发展而发展，在不同时期都有它的发展形式，如在原始社会，身体的知识就是人类通过“走、跑、跳、投、打”等动作捕获猎物或逃避猛兽的追捕等行为；而在现代社会中，体育知识的传承内容变成了某项体育运动或体育技能，如足球、篮球、排球、乒乓球、游泳、田径和武术等专项运动技能。

现代教育越发注重教学过程中学生的主体性作用和“以人为本”的教育理念。人们对这种理念的追求不仅表明了体育教学的特殊性，还给予了体育教学知识传承的特殊意义。从这个层面来看，这种体育教学所传承下来的体育知识已经超越了简单的模仿行为，而将更多的相关文化也融入其中。这些体育文化才是体育运动、体育教学等获得长久传承的动力和灵魂。

（三）身体活动的常态性

体育教学与其他学科教学的最大不同就在于在体育教学过程中充满了对身体活动的要求。在体育教学中，几乎所有内容都涉及身体活动，或者是为即将到来的身体活动做准备的活动，是对作为“身体知识”的体育教学的最好诠释。在体育教学过程中，不仅是学生要进行具有一定运动负荷的运动，教师在做示范、做指导和参与到组队教学赛中也需要付出不少体力。所以体育教学身体活动常态性的特点不止针对学生，它包括所有体育教学主体。

由此可见，在体育课堂教学过程中，教师与学生的身体操练非常频繁，这是体育教学非常显著的特点。与之相比，其他学科的教学必须要在教室（实验室、多功能厅）进行，且要保持相对的安静，这样才能激发学生的思维并产生很好的学习效果。而体育教学却刚好与之相反，其教学的地点多为户外或专用运动场馆，普遍较为宽阔，而且在大多数时间的运动技术练习环节并不需要保持安静，学生之间、学生与教师之间都可以随时有相关的交流和沟通，如此才更有利于对运动技术的学习。

（四）身体与心理统一性

在许多人的概念中，身体与心理是两种不同的事物，彼此间并没有很多的交集。实则不然，现代科学研究发现，身体健康有助于改善心理健康，而心理健康也可以影响身体健康。另外有一种观点认为开朗的人热爱体育运动，而事实上则是因为人参加了体育运动，才开始变得开朗、阳光，这就是典型的运动改变心理的事例。因此，在体育教学活动就具有了身体与心理统一的特点。

体育教学在乎对人身体的改造，与此同时它还强化人的心理与多种适应能力的发展。而在其他学科的教学中便无法达到这样的效果，这主要在于体育教学营造了不同种类的教学情境，这些情境表现出了阳光、生动、积极以及直观的特点。一系列积极的情境使得参与其中的人在潜移默化中受到感染，为学生的心理与社会适应能力的健康发展提供了良好的环境。

由此可以说，在体育教学中，人的身心发展看似是多元的，但实际上在过程中是一种一元化的锻炼，即达到身体与心理的共同拓展和发展，表现出十足的统一性。身体发展是基础，心理发展依赖于身体的发展而存在；心理的发展同时促进身体的发展。具体来看，在体育教学中人的身体与心理的统一性主要体现在以下两个方面。

1. 体育教学的教材内容选择要注重身体与心理统一

体育教学内容是体育教学活动的依据，教学内容的好坏将直接影响教学效果。因此，为了体现出体育教学身心统一的特点，首先就要从教材选择环节开始，也就是说，选择的教学内容要对学生身体各部分、各种运动能力和各种身体素质有积极的影响，而且要注重教材对学生心理及其社会适应力的影响，所选教材的编排要符合该年龄段学生的心理特点，除此之外，还要满足其美学、社会学等其他方面的要求。

2. 体育教师选择的教学方法要注重身心统一

由于与其他学科教学相比增加了更多的内容，因此，体育教学的方法也就更加丰富。选择体育教学方法主要是由体育教师进行的，为了使体育教学保有身心统一的特点，体育教学方法的选择就要关注到这方面的内容。通常为了体现这一特点，体育教师选择的教学方法都要遵循与学生年龄段相适应的身心变化规律，使学生在经常进行的体育教学活动中学习到正确的体育技术和技能，学生掌握这些技能的成长曲线并不是一路上涨的，而是有忽高忽低、忽快忽慢的过程和起伏。另外，体育教学方法的选择还应符合学生的心理特点和年龄特点。与对体育技能学习的规律相似的是，学生在接受教学的同时，其心理活动也呈现出波浪式起伏的曲线现象。这种生理、心理负荷波浪式的曲线变化规律，体现了体育教学鲜明的节奏性和身心的和谐、统一性。因此，要想选择正确的、适合学生身心发展的体育教学方法，体育教师就必须根据学生的诸多身心特点安排，如此才能在促进学生身体发展的同时，有效激发学生的积极性和兴趣爱好，更有效地发挥体育教学的功能。而根据不同阶段学生的身心特点选择恰当的教学方法也是评判一位体育教师综合水平的重要依据之一。

（五）教学内涵的优美性

体育教学内容是非常丰富的，它会涉及多种与体育相关的内容，不仅仅限于球类运动、游泳、田径，还包括如体育舞蹈、瑜伽等内容。通过对这些内容的学习，学生可以普遍从中体会到源自体育的丰富情感,这种情感几乎都源自于美。

体育教学内容丰富的情感性首先体现在体育教学过程中，师生可以体会到只有体育才能赋予人的人体美和运动美。学生通过接受体育教学，掌握体育健身的方法和技能，以此达到运动塑身的效果，使身体外在形态保持优美的线条和良好的身材比例。在运动中,可以看到人体不同的动作展现出的动作美和肌肉的动态美,这种美只有在运动中才能看到,是极为外显的美。在内在精神方面,体育教学也蕴含着“美”的元素，如学生为了争取比赛的胜利而表现出的不畏强敌、奋勇争先的精神，在关键时刻始终保持冷静的心态,或是在运动过程中表现出谦虚、文明和有道德的风度等。

既然有美的存在，那么就要有欣赏美的人和能够欣赏美、懂得如何欣赏美的能力。每一项运动都向人们表现出了不同的美的特点和审美特征，如球类运动可以表现个人对球类技术的掌握能力，集体球类项目中除了个人能力外，还包含了与队友之间的协作和互助精神。这些内容都是人类积累下来的体育知识与技能，体育教师通过科学的概括和提炼，将其精髓传授给学生，意在使学生也能感受到体育中蕴含的美,并学着去享受它、感悟它。体育之美最大作用就是陶冶情操，平衡人们的心理状态；同时，体育教学是一种创造性的社会活动，其创造的成果可以让学生获得内在的顿悟和精神上的启迪。体育教学中教师和学生之间有一条无形的通道联系着，构成了教与学的系统。教师在传授知识的过程中，伴随着师生间丰富而真诚的情感交流。

（六）客观条件的制约性

正是因为体育教学涉及的内容较多，再加上与之相关的构成要素也同样较多的缘故，也就使得体育教学会受到更多客观条件的制约，而这也是体育教学不同于其他学科教学的一大特点。具体来说，体育教学活动受到的制约主要包括体育教学场地条件、器材、气候、学生运动基础、学生其他基本情况（年龄、性别、生理和心理特点）等,这些因素都会影响体育教学的质量。

学生是体育教学的主体之一,是体育知识与技能传授的受众。从这个角度来看，学生的诸多情况会对教学本身造成一些影响，因此体育教学要想进行得顺利，获得良好的教学效果，就要注重学生的运动基础方面以及体质强弱等的实际情况。这些差异具体包括男生与女生不同的身体形态、机能水平、运动能力等，根据这些差异，学校体育教育部门和体育教师在进行教学设计、教材选择和教学组织等方面的制定时就要充分考虑，否则不仅不能达到预期的教学效果，还可能会增加体育教学的风险。

体育教学环境是体育教学的场所。作为重要的教学载体，体育教学环境质量的高低对体育教学会产生较大影响。通过几个事例就可以很好地说明这个问题，如经常在室外开展的体育教学，如果面临的是严重的空气污染，或邻近马路带来的噪声污染，则势必会影响体育教学主体在教学活动中的状态与情绪；天气对于室外体育教学的影响也是不能忽视的，如遇到雨、雪、大风等恶劣天气时，体育教学被迫停止，转而来到室内进行一些体育理论课的教学，如此势必影响体育实践课教学计划的顺利展开。

综上所述，体育教师从学年的体育教学计划到具体课时计划，从教材内容选择到教学组织方法等方面都必须考虑到这些客观实际与影响因素，尽量将制约因素的影响程度降至最低，提高体育教学的质量与效果。

二、体育教学的功能

（一）促进身体发展的功能

学生亲身参与体育运动实践在体育教学活动中是必不可少的。而参与运动实践，就必然会使身体承受一定量的运动负荷，为保证学生身体的健康，运动负荷强度需要由体育教师酌情掌控。

合理的运动负荷对发展学生身体素质有极大的帮助，它对学生的机体或多或少会产生一定的刺激与影响，其影响的程度要视运动项目的内容、学生身体素质、持续运动的时间、运动间隙时间、营养补充等状态而定。而不同运动项目对身体的锻炼重点也有很多区别，如足球运动对人体的耐力、爆发力、速度和灵敏度有着较高要求；游泳对人体心肺功能和协调能力有较高要求等。由此认定体育教学具有促进身体素质发展的功能是毋庸置疑的，但同时也要注意，如果运动负荷过大，那么体育运动不仅对身体健康没有好处，反而会伤害学生的身体。为了把握合理的运动负荷，体育教师在制订教学计划前就要对学生的普遍体质与运动基础有一个清晰的认识。因此，从体育教学影响身体功能的角度而言，要有效发挥体育教学健身功效，必须遵循体育教学的规律，运用科学的教法与组织形式，才能达到预期的效果。

（二）促进心理健康的功能

世界卫生组织确定的现代健康新标准中明确认定了心理健康也是评价人体健康的指标之一，我国自古也有“身心合一”的理论。经过长期的实践发现，体育教学在对学生身体产生积极影响的同时，也会对学生的心理与思想产生影响，这方面的影响与其他学科既有共性，也有差异性。体育教学促进心理健康的功能主要是通过教师传授来实现的，因为教师的一言一行无时无刻不影响着学生的思想，因此，教师必须身体力行、为人师表，为学生作出表率与榜样。这些行为都是在潜移默化中进行的，而不是安排几堂心理辅导课就可以解决的。教学更为重要的作用是传授各种人类社会的道德、规范与理念，这是学生走向社会之前必学的内容。

具体来说，体育教学对学生心理的影响，主要包括个人心理与团体心理两个方面：从个人心理方面看，体育活动一方面可以缓解学生的学习压力；另一方面，参与体育运动就要频繁地面对成功与失败，其中失败和挫折的次数远远多于成功。由此可以培养学生在逆境中保持平和心态的能力，作为胜利者也要做到戒骄戒躁，只有具备这样的素质，才能再接再厉，取得成功。

从团体心理方面看，学生作为体育运动团队中的一员，需要处理好个人利益与集体利益的关系，应抱持克服一己私欲、顾全大局的思维行事。

（三）提升社会适应性的功能

现代社会的发展速度非常迅速，这使得人们稍有停留便会被潮流所抛弃。对于青年来说，紧跟社会潮流，并且在跨入社会后能够与之较好地融合、适应是非常关键的，这是体现人的软实力的标准之一。在体育教学中，学生之间的交往具有特殊性、外显性与频繁性，学生在多样的体育活动中会产生多种交流，同时也伴随着各种体育竞赛的规则，竞赛规则就好似社会规则，需要人人自觉遵守。由此可以说，体育教学环境就像是一个微缩化的社会，这个社会赋予了学生之间需要遵循的各种规则与准则。若不遵循，必然受到惩罚；若表现突出，则得到表扬与称赞。执行这个法则的人就是教师，因此，教师必须公正，才能对学生产生良好的影响，培养学生良好的体育道德规范，进而培养学生适应未来社会的各种道德规范与做人理念。

（四）传授运动技术的功能

在远古时期，运动技能就等同于生存技能。那时的人类通过走、跑、跳、投、打等行为捕猎和采摘来获得生存的能量；而现代社会早已物质丰盛，对于人体的要求就不再像过去那样严格。现代运动技术也演变为了丰富的体育运动技术，如球类、武术、田径和游泳等。科学研究表明，适当参加体育运动对人的身心素质提升均有较大帮助。而体育教学就成为传授这些运动技术的最好方式。

从具体的实践角度来分析，学生们每周都要参加的体育课堂就是体育教学的最小单位，体育课堂的基本活动过程就是体育教师以体育教学内容为依据，对学生传授体育知识与相关技能的信息传播活动。因此，运动技术就成为体育教学的主要内容也是重要内容。运动技术不同于其他学科的学习，它不仅需要学生对运动理论有深刻的了解，还要身体力行地亲身参与技术练习，在无数次的重复中逐渐在脑中和身体上建立起对技术的表象反应，最终到熟悉动作，可以在下意识的情况下做出正确的动作。因此，对于运动技能的训练，没有实践就无法学会。

对于运动技术的传授，体育教师是关键。作为运动技术的掌握者和传播者，教师在体育课中传授的是各项具体运动技术，如足球运动中的传球技术，甚至可以细分到内脚背传球技术。其他运动项目的技术传授也可以依此类推。体育教师对运动技术的传授通常都会从简单的、入门的、基础的入手，在此之后逐渐积累、循序渐进，只有从小的运动技术学起，才能积少成多，掌握整个运动项目的技术。

（五）传承体育文化的功能

体育教学并不仅是简单的体育运动技能和相关知识的传授活动，这些只是表面上的行为，其真正目的在于教会学生正确的体育运动方法，使学生能在未来的生活中受益，这也是一种体育文化的传承。

从体育教学的系统结构视角出发，体育教学是由每周二至三次的体育课组合而成的一种贯穿全年的教学计划，其中根据教学周期的不同可以分为课程教学、周教学、学期教学和学年教学。比学年教学周期更长的就是小学体育教学、初中体育教学、高中体育教学和大学体育教学。

从单一一堂体育教学课的视角出发，可以把体育课中传授的各种小的运动技术累加起来，学生学到的是某个运动项目的完整技术，继续累加，就学到了各种运动技能。

综合两种视角，使得学生通过不同阶段的体育教学，学习到较为完整的运动知识、运动文化，掌握各种运动技能，从而实现体育教学传承体育文化的功能。

第三节　体育教学的原则和规律

一、体育教学的原则

原则，即人们说话办事依据的准则和标准。教学原则，则是根据各种不同的教学因素，把同类性质的因素加以科学的、抽象的概括而形成原则（直观性原则、自觉性原则和教育性原则等）。体育教学原则，是体育教学过程客观规律的反映，是在长期的体育教学实践中积累起来的，具有普遍意义的经验总结和概括，是体育教师进行教学工作必须遵循的准则。体育教学原则与其他的原则不同。同样，体育教学与其他的教学也不等同。二者最根本的不同在于体育教学突出认识和实践。从而得出，认识和实践的有机统一是体育教学区别于其他教学过程的根本特征。然而最终的目的是，希望教师合理地运用体育教学原则，从而促进学生的身心健康全面发展。

（一）中国的体育教学原则

体育教学原则在各个不同时期均有不同的发展，不同的国家的体育教学原则略有不同。经查阅文献得知从 1981 年体育院、系教材编审委员会编写的 5 种体育理论 6 种教材中，提出了 7 项教学原则。中国的体育教学原则一般有：自觉积极性原则、直观性原则、从实际出发原则、循序渐进原则、全体全面发展原则、合理的运动负荷原则、巩固提高原则。但是，随着教育学、心理学、社会学、教学论、方法论及体育科学的发展，人们对体育教学原则的认识不断加深，在体育教学原则体系的基础上进行逐步完善，对教学实践过程的指导也越来越科学。蒋新国在《我国体育教学原则的历史演变》的论文中阐述了体育教学原则各个不同时期的完善和发展，指出了体育教学原则不再仅仅重视体育教学的学科性、健身性和思想性，而是开始关心学生身心健康的全面发展和人文精神的培养。然而，这也是受当时学校体育指导思想和对体育教学规律认识影响的必然结果。

（二）体育教学教学原则的运用

体育教学原则保证体育教学的顺利进行，所有的教学原则相辅相成。

1. 直观性原则

对于直观性教学，要求教师给予学生一个正确的直观概念。教师应抓住重点，用生动形象、简短明了的语言进行讲解，让学生可以反复地进行一个动作的练习，使学生的感觉器官建立暂时的神经联系，形成正确的动作定型。

2. 巩固性教学原则

这一原则有助于学生熟练地掌握动作，使其更加标准。其目的就是让学生多加练习，形成肌肉记忆，再到熟能生巧。比方，在篮球运动项目中，学习运球、急停、转身等。传接球时，为了巩固转身这个动作，可以把急停、转身、传球贯穿进去。三天不练手生，如在网球教学中，长时间不练习发球，随之抛球的稳定性、发球的成功率均会下降，此时就需要多加练习进行巩固，尤其是刚接触项目的学生，帮助其巩固练习，形成正确的技术动作。

3. 合理的运动负荷原则

这一原则要求教师在上课期间根据教材的特点、教学条件，考虑学生的实际情况，合理地安排教学内容，使学生不仅能更好地掌握技能，还能促进其身体的健康发展。教师要合理地安排运动量和运动强度。这里的运动量与运动强度并不是同一概念，运动量指的是次数、组数、重量、时间等；而运动强度指的是完成练习的所用的力量的大小，比如负重的重量、跳的高度、跑的距离等，合理地安排运动量与运动强度，量大则运动强度小；运动强度太大，则相应减少运动量。

4. 循序渐进原则

循序渐进原则，就是要由简到难，由一般到复杂，逐步进行，不断提高。比如网球的正手击球，首先要从握拍开始，到准备姿势，到引拍上步，再到挥拍，再到准备姿势这样一个完整的过程，练习者开始可以做无球的动作练习，再做有球的原地击球动作练习，最后再做有球移动的动作练习，这样逐一练习，逐步进步。

5. 启发式教学原则

采用启发式教学可提高学生学习的积极性，调动学生的积极思维，加深学生理解和认识、牢记动作，少出现反复，启发学生主动去思考、去领悟。比如在排球发球的教学中，通过生活当中甩鞭子的一个动作，启发学生做发球动作时的发力顺序，或将其用于标枪等投掷项目当中，使学生能够举一反三，培养学生自学的能力。运用启发性原则，开发学生智力，调动了学生学习的积极性，科学地进行训练，取得事半功倍的效果。

此外，教学原则还包括因材施教原则、超负荷原则、恢复原则等，无论哪一种体育教学原则，目的都是从学生的根本利益出发，提高学生的身体素质，促进学生的健康发展。

近年来，随着新课改不断深入开展，新的体育教育原则也应运而生。目前，我国有关体育教学原则创新的研究还有限，基础体育教育课程的改革与发展滞后，我们应取其精华，去其糟粕，把体育教学原则贯穿到教学中去，使学生容易接受、理解，达到自觉练习的目的，开发学生智力，提高学生的体能素质，促进学生身心健康全面发展。

二、体育教学规律

（一）探索规律组织体育教学

如何组织好体育课的教学工作，更好地为教学服务，是体育教学中的关键问题。

首先，教师要把握体育课自身特点，即通过身体的各种练习，使体力活动与思维活动紧密结合，掌握体育知识、技能和技巧。要遵循体育教学过程的规律，根据教学内容和学生情况的不同,灵活组织教学。

其次,遵循体育教材特点,组织教学活动。体育教材包括田径、球类、技巧、武术、体操等多种教材,不同的教材有其不同的特性。因此,教师在教学中要善于把握教材特点,挖掘教材潜力,改革传统教学形式,充分调动学生学习主动性和创造性,提高教学效果。

最后,体育教学不仅要遵循体育规律,还要遵循学生身心发展规律。要根据学生的生理和心理特点,如有意注意时间短、兴奋过程和无意注意占优势、好奇、好动、好模仿、好竞争等现象来组织教学。

(二)丰富内容推进素质教育

体育教育是素质教育的有机组成部分,体育教育的目的就是通过初步学习掌握体育的基本知识、基本技术和基本技能,完成锻炼身体、提高思想道德水平的任务,从而有效促进素质教育。

从体育活动的性质上来说,有利于发展学生的特长和才能。学生在活动中自己教育自己,有利于学生自觉地去接受教育,培养高尚的思想品德。

从体育活动的组织上来说,形式多样、不拘一格,有利于学生的身心发展;有利于培养学生的观察力、思维力、想象力、创造力;有利于提高体育活动质量,提高学生素质。

从体育活动的目标培养上来说,要培养学生“三种意识”“四种能力”。所谓“三种意识”就是培养学生的参与意识、实践意识和竞争意识;“四种能力”就是观察力、注意力、记忆力、想象力。

(三)体育课渗透爱国主义教育

1. 通过体育教学活动培养学生的集体意识,增强爱国热情。由于体育教学的特殊性和组织方式的多变性,容易导致集体与集体、个人与集体的频繁接触,学生对集体间的竞争和对抗、胜与负比较敏感,情感流露比较真实。根据这个特点,我们积极帮助和引导学生树立正确的集体观念,正确对待个人与集体、集体与集体之间的关系,培养团结协作、互相配合的集体主义精神。

2. 联系相关事物,引申教育内容。针对体育教材思想性不明显的情况,我们通过引申教学内容,来加强爱国主义教育。例如,在“快速跑”这一教学内容中,我们融入了“时间”概念。教师通过开动手中的秒表,把分分秒秒报给学生听,让学生体会时间和空间印象,然后将时间所包含的经济、文化等价值和学生分享,即通过珍惜时间，给国家创造财富，培养学生的时间观念。以此来培养学生兴趣，丰富学生知识，激发学生的爱国热情。

（四）体育教学风格形成的基本规律

所谓教学风格，是指教师根据各自的优势、特长，结合教学的具体情况，经常采用的一整套个性化的教学方法，以追求最佳的教学效果。在体育教学中，形成独特的教学风格，是体育教师进入高层次教学境界的重要标志。它对学生学习态度的形成、个性特征的培养、学习氛围的创建、合作精神的养成等都有积极的作用。教学风格是体育教师在创造性劳动中逐步建立起来的“独特教学模式”，在建立的过程中，既能体现出教师的教学思想、教学意识、教学技巧等内在的东西，又能表现出教学的教学行为、教学形式、教学效果等外部的特征。对体育教学风格形成的规律进行研究，旨在为提高教学效果提供参考。

1. 体育教学风格的基本特点

（1）突出个体性

体育教师的个性心理特征对教学风格有直接影响。如偏于多血质气质类型的教师，情感丰富、教态亲切、善于启发诱导学生，教学中反应敏锐、方法多样，因此，可以称为“民主型”教学风格。北京王仲生老师的“以心导教，心动身随”具有这个特点。偏于胆汁质气质类型的教师，情感浓烈、作风果断，教学中兴奋性高、富有激情，动作幅度大、感染力强，因此，可以称为“激情型”教学风格。但当学生练习出现问题时，教师容易急躁、发火。而粘液质气质类型的教师，一般性情清高、教态稳健，教学中往往含蓄深沉、简洁明了，因此，可以称为“沉稳型”教学风格。但有时也会降低学生的学习兴趣。作为教师应有意识地发挥自己教学风格上的优势，克服不利因素，从而使个性心理特征与教学风格形成最佳的结合。

（2）追求稳定性

体育教师的教学风格一旦形成，将有相对稳定的特征。这是由教师的个性心理特征、知识结构、文化素养、工作环境、社会赋予的要求等所决定的。知识结构、文化素养的不同，会直接影响到教师的思维模式、教学理念和治学特征，最终会孕育不同的教学风格。教师教学风格的形成应有一个较为宽松的社会环境、良好的研究氛围、灵活的教学空间，只有这样才有助于教师形成其各自特有的教学风格，克服“高度统一”“千人一面”的现象。专家们对王仲生、蔡福全老师教学特色的概括，是二位老师几十年教学经验的积累，具有相对的稳定性。稳定的教学风格有助于教师在相对稳定的工作状态下进行教学，有助于学生在一定时期内逐步适应教师的教学风格，较好地理解教学目标，取得最佳教学效果。

（3）实现创造性

体育教师教学风格的形成，是一个长期实现创造性工作的过程。大量实践经验证明，教师教学风格的形成是有规律可循的，即未有风格、形成风格、打破风格、形成新风格。这种良性循环需要教师创造性地开展研究工作。当然，创造性的研究工作是随着教师教学经验的积累、知识水平的提高、职业要求的深化、学生需求的变化等情况而进行的，往往是自觉与不自觉相结合的。如小学阶段的教学，以养护为主，参与意识和锻炼并重，注重培养兴趣，较偏重引导、游戏形式的教学，因而易创造出"启蒙、生动、亲切"的教学风格。而初中阶段教学，让学生在多种多样的运动条件下能够有意识地去活动，充分体验体育的乐趣。高中阶段教学，偏重于教会学生运用体育手段和方法，进行独立锻炼，进一步培养锻炼习惯。因而易创造出"严谨、规范、民主、生动"的教学风格。

2. 体育教学风格形成的过程

（1）模仿阶段

初为人师，有几个角色需要转换。即由学生向教师的转换、由过去的"学"向现在的"教"的转换、由被动的被人管理向主动的管理别人的转换、由随意的行为向规范的行为转换等。作为青年教师，主观上都有搞好教学工作的良好愿望，但往往又苦于角色转换较慢、教学经验不足，而无法达到预计的教学目标。那么，最直接、最有效的办法就是模仿，模仿老教师的教学风格。一般模仿是从局部开始，逐渐向全局扩散，或先是形式，后是内容。如当一组好的教法和组织形式被青年教师模仿使用取得明显效果的时候，有心人就会进行一定的反思，分析这种事半功倍所产生的原因；如果套用相同的方法和形式教授不同的内容，也不会产生好的效果，此时一定要分析造成牵强附会的原因。

（2）选择阶段

青年体育教师在模仿老教师教学风格的基础上，已对不同的教学风格类型有了大致的了解，开始对自己感兴趣的教学风格进行选择。一般来说，青年教师首先选择的是与自己专业或专项相关的教学风格，这样更利于发挥专业特长，反映自我风格特点，体现了"一专"的要求；其次是选择与自己专项有一定联系的教学风格，因为学校体育教学的内容很多，只靠专项教学是不够的。按照教学大纲要求，每位体育教师必须对所教授的内容有透彻的理解和掌握。所以要在专项的基础上扩充其他内容，同时必然涉及不同类型的教学风格。随着看课、观摩、分析课、研究课的增多，以及接触不同年龄体育教师的增加，选择的范围也在加宽，以体现“多能”的要求。

(3)定向阶段

当体育教师对众多教学风格特点有了较为清晰的认识后，还必须找准自己的定位，扬长避短地开展教学，逐步形成独特风格。一般讲，可以根据自己的知识结构、文化素养确立教学风格。如知识面较宽的教师，教学讲解中能够旁征博引、挥洒自如，其教学风格必然呈现“洒脱流畅、生动活泼”的特点；而知识结构以专深见长的教师，教学中能层层递进，分析问题如抽丝剥茧，其教学风格也更为“深沉隽永”。也可根据自己的气质类型确立教学风格，气质是个人心理活动的动力特征，这种动力特征主要表现在，心理过程的强度、速度、稳定性、灵活性及指向性上，气质对教学风格的确立和形成具有深刻的影响。另外，还可以根据治学领域的特点确立教学风格，治学领域的“土壤”不同，必将培养出各异的“风格之树”。

(4)创新阶段

体育教师教学风格的形成，实质是一个不断创新的过程。教师的教学风格一经确立，便以一个相对稳定的状态表现出来，但不是一成不变的。教学实践证明，教师教学风格的变化是一种螺旋式的上升。这与教育内涵的扩展、教学内容的更新、学生需求的变化、教师教育理念的提升有着密切的关系。其中，教师教育理念的提升是最为重要的，只有观念的更新、意识的超前，才可能带来行动的创新。一种教学风格的形成，蕴涵着教师的创新意识、创新思维、创新能力、创新活动等。近年来，全国十城市优秀体育课观摩大会上所展示的优秀课，集中反映了我国中小学体育教学改革的最新成果，代表了广大体育教师的创新活动。

综上所述，体育教学风格是体育教师在创造性劳动中逐步建立起来的“独特教学模式”，在建立的过程中既能体现出教师的教学思想、教学意识、教学技巧等内在的东西，又能表现出教学的教学行为、教学形式、教学效果等外部的特征。体育教师教学风格形成于长期的教学实践，发展于艰苦的探索，是教学一般规律与个人教学实践相融合的产物，是教学内容与教师灵感的交融升华，是教师个人创造性思维的结晶。教育管理者应善于发现和树立有“独特教学模式”的体育教师，创造性开展工作。

（五）注意规律在体育教学中的运用

在教学中我们常常会遇到学生注意力不集中的问题，它是困扰教学效果的主要因素，学生是否集中注意听课，和教师的讲课有很大关系，优秀的教师一定是课堂上的焦点，他的一言一行能吸引所有学生的注意，使学生在课堂上的心理活动集中指向与他，注意是教师与学生的之间教与学的一个关键的心理活动，有一个磨合过程，这个过程它直接影响着师与生、教与学的默契,也影响着教学质量。学生良好的注意品质是教师在长期的教学训练中培养和发展起来的,利用注意的心理规律上好体育课,传授体育基本知识、基本技术和基本技能是体育教师探索和研究的方向。

1. 运用无意注意的规律组织教学

(1)合理利用刺激物的特点来组织教学

根据条件反射的强度规律,刺激物在一定限度内的强度越大,越能引起人的注意,课堂上影响学生注意力分散的诱因有很多,一切刺激物都会干扰注意力,我们要正确区分刺激物的良莠,新的教材、讲解的趣味、示范的优美、器材的新鲜感等都会激起学生的良性注意,要尽量消除不良刺激物对教学的影响。

(2)采用不同的教学方法,吸引学生的注意

体育教学不同的教法可以转移学生的兴趣,变换教法能使学生从一个兴趣点转移到另一个兴趣点,持续不断激发学生的兴趣,是吸引学生注意的前提,因此教师在体育教学中充分利用这些条件,启发学生思考,分析动作之间的内在联系,集中学生的注意,便于领会动作要领,掌握运动技能,组织学生身体练习时,还要注意变换方式,可采用竞赛、游戏的形式启发学生学习体育知识技能,调动学生积极性,从而收到较好的效果。

(3)利用语言的形象描述,吸引学生的注意

语言交流是体育教师进行教学和组织学生注意的重要工具,教师讲解时,声音的大小、语速及声调的变化都可以唤起学生的注意,直接影响教学效果。教师的语言要言简意赅、生动形象、具有启发性、符合学生接受的能力,语言的鼓励与安抚能很好地帮助学生克服困难和心理障碍,能集中学生注意力,提高学习积极性。

2. 运用有意注意的规律组织教学

课堂上学生有意注意时间的长短,决定教学的成功与否。有意注意也称主动注意,它是有目的、有意识的、直接的、自觉的心理活动。只有提高学生的有意注意的能力,才能提高学习锻炼的质量,在组织教学过程中,要求教师不但要想着上好课,还要培养学生有意注意的能力。

(1)明确体育课学习的目的,提升有意注意的能力

学生对于为什么要上体育课,为什么要进行运动训练并非深知其目的。因此,教师对学生要经常进行引导教育,使学生明白终身体育有益身体健康,激发学生积极地学好体育、锻炼身体,明确学习目的的教育还必须渗透到日常教学训练中,要求教师在教学的开始阶段就树立学生终身体育有益健康的思想,使之养成稳固的健身习

惯，并自觉而为之。

（2）根据学生的兴趣特点，有的放矢

兴趣是集中注意的重要心理因素，教师在教学过程中必须了解各年龄段学生的兴趣特征。有经验的教师既会重视学生的直接兴趣，又会重视学生的间接兴趣，根据学生不同年龄段心理特点，在教学中引导学生思索及体能对抗的游戏方式，提高学生锻炼的积极性，还可以编一些通俗易懂、简单易学的口诀，来提高学习的兴趣，对理解能力强的高年级学生可采用视频、幻灯教学，使抽象概念直观形象化，并用剖视、慢动作分解演示等教法，分析理解复杂动作过程，培养学生的兴趣，吸引学生的注意力，提高教学效果。

（3）提升学生自我监督的能力，培养良好的行为习惯

良好的自觉行为是集中注意的重要条件，学生自觉行为的形成要经过长期培养。因此，教师在教学过程中，对学生要进行常规教育，如按时作息、遵守校规、遵守比赛规则、上课注意听讲、认真完成作业等，养成良好自觉行为，这有助于培养学生不受时间、地点、条件的影响，养成注意的好习惯，提升有意注意的能力。

3. 善于运用两种注意相互转化的规律组织教学

课堂上，一般来讲，学生的无意注意时间短、频次高，有意注意时间长、频次低，对刺激物的直接兴趣可以引接引起无意注意，而对刺激物的间接兴趣可以引起有意注意，两种注意在同一活动中又是相互联系和转化的。只注重无意注意，学生虽然有兴趣，但无坚强的意志和克服困难的能力，也不能完成既定的体育教学任务，注意是实时性的，短时间内，情绪高涨，可以提高学生的学习锻炼的效果；可时间长了，情绪消滞，会有厌倦感。因此，有经验的教师会合理地安排教学内容，激发学生兴趣，通过适时的讲解示范演绎，引起无意注意。另外，要培养学生不怕困难、钻研学习的意志品质和探索精神，提高主动注意能力，在课堂学习锻炼过程中，应避免过多的重复的练习，以免产生消极情绪，交替练习，使学生时刻保持较高的情绪和兴趣，促使两种注意的相互自然转化，从而提高体育课的教学质量。

要上好体育课，在开始阶段教师要通过简洁明了地讲解课堂任务，引起学生的兴趣，激励学生想体验的欲望，在平常的体育课中，要不断地培养学生的注意品质，主动地去专注某些事物，形成注意的稳定性。

三、迁移规律在体育教学中的运用

迁移规律是体育教学中的客观存在，为正确认识迁移规律对体育教学的影响，提高教学质量，对体育教学中的迁移规律进行了简要的分析，对迁移规律在体育教学

中的应用进行了探讨，并对应注意的问题提出建议。

（一）迁移规律在指定学年或学期计划时的运用

指定学年或学期计划时，除了贯彻教学大纲的同意要求外，还要注意教材分布的纵横关系。在教材的纵横关系中就要考虑到迁移的问题。纵的教材关系，如进行标枪教学时，先教原地投掷，再教上步投掷，然后教助跑投掷。因为上步和助跑投掷的握枪、引枪到出手这些动作的基本环节和原地投掷相同，在教后两种投掷时只需把上步或助跑的技术与原地投掷技术连贯起来就行。在学习与原有动作结构相似的新动作时，原已形成的基本环节或附属环节的运动条件反射即可作为新的动力定型的基础，只需补充一些基本环节或附属环节的运动条件反射，新的动力定型即可形成。因此，指定学年或学期计划时，应尽量在回忆旧知识的基础上引出新的知识技能，将具有共同因素的教材内容合理地安排在一起，这不仅可以复习旧的技能，同时还能使学生更好地理解和掌握新的知识技能，形成前面的学习是后面学习的准备，后面的学习是前面学习的发展的局面。

另外，在指定学年或学期计划时，要避免运动技能之间的相互干扰。两种不同运动技能之间，动作技术主要环节不同，而细节部分相同，在学习时它们之间往往产生干扰。如：掌握了单杠挂膝上，对学习单杠的骑上有干扰，这是因为前者要求屈膝，后者要求直腿，动作的基本环节不同，前者干扰后者。如果同时学习某两种技能，而且都没有达到熟练和巩固的程度，这两种技能就容易相互干扰，或者两种技能中有一种掌握得比另一种熟练，那么前者就容易对后者产生干扰，如：学习了跳高起跳（单脚起跳）的技术动作后，对学习支撑跳跃的起跳（单脚上板，双脚起跳）就可能产生不良影响。两种运动技能，结构相似，速度相反，其中某一技能已经相当熟练，要想形成相反的技能动作时，就感到很困难，甚至出现错觉，如：短跑和长跑，两者动作结构虽然相同，但在动作反应速度上对神经系统的要求呈现是完全两样的，故产生干扰。

（二）迁移规律在教学中的应用

1. 讲解、示范中的比喻与启发

在教学中，教师采用生动形象的教学语言，不仅能够启发学生积极思维和想象，而且还能使学生加深对教材内容的理解。例如：学习前、后滚翻技巧动作时，教师用球作比喻，启发学生要低头、团身、屈膝使身体接近圆球形，才能像球那样进行前、后滚动，从而使学生心领神会，加深对动作要领的切身体验，加速对新技术的掌握。

2. 组织诱导性练习

（1）模仿练习的运用

根据相似的刺激物可以引起雷同反应的原理，组织适当的模拟练习促其产生正迁移，引导学生逐步学习并掌握。例如：在铅球教学中，从徒手原地正面推铅球动作—徒手原地准备姿势（蹬、转、挺、推、拨）的最后用力—滑步推球的模仿练习，对诱导学生逐步掌握正确的推铅球技术有帮助。其生理机制就是，通过模仿产生迁移，诱导学生学会并掌握动作要领。

（2）分解练习的运用

为简化动作的掌握过程，教学中常常把完整的动作合理地分成几个部分，然后按部分逐次地练习，最后完整地掌握。例如：在进行排球正面上手传球教学时，可先进行传球手型的练习；其次进行正确击球点的练习；再次进行蹬伸迎拨协调用力动作的练习；最后将以上三种练习串联起来，就会使学生完整地掌握正面上手传球的动作要领。如果学生个体能正确、熟练地掌握每一个分解练习，则分解练习过程中产生的迁移就能使学生获得良好的学习效果。

（3）辅助性练习的运用

辅助性练习是指为发展某种动作所需的身体素质的练习。体育教学中，为使学生更快、更好地学会某项技术，而选用一些辅助练习来发展该项技术所需要的身体素质，确实有利于素质和技能迁移。例如，在推铅球教学中，为提高铅球出手的初速度，必须发展学生推球的力量，因此，常常选用一些发展臂力、腕力、指力的练习，诸如俯卧撑、俯卧撑推手、俯卧撑击掌等，以发展掌握技术所需的力量素质。

3. 充分利用学生已有的知识、经验促进学习的迁移

选择生活中较为熟悉的动作概念，给学生以生动、形象的诱导。由于学生对这些动作、姿势印象比较深刻，因而容易接受和体验。如学习前滚翻时，教师可以用“篮球滚动”来启发学生；要求跳远踏跳的起跳的起跳腿快速蹬离地面时，可用“赤脚踩在滚烫的铁板上”的比喻来提示。语言简练、准确，便于学生回忆，指导自己练习。

可见，迁移总是以先前的知识、经验为前提的。有关的知识技能掌握越多，越容易举一反三、触类旁通。

4. 建立学生良好的心理状态，促进技能的迁移

针对不同学生的不同气质类型进行心理疗法，好胜心强的同学可用“激将法”，性格内向的学生则多运用正面心理暗示，使他们产生强烈的学习欲望，从而有利于加快运动技能的迁移和巩固。因此，教师在整个教学过程中都应帮助学生形成有利的

和消除不利的心理状态。

总之，迁移是体育教学中普遍存在的规律，每一位体育教育的工作者，自觉地认识和合理运用迁移规律，使学生在学习动作时收到事半功倍的效果，从而提高教学质量。

第四节 体育教学的结构和原理

一、体育教学结构

（一）体育教学结构模式

体育教学活动存在在一定时间流程与空间形态中。时间控制，主要表现在教学方法安排序列上；空间形态，主要表现在教学组织形式上。教学结构是实现教学目标、实施教学内容、贯穿教学方法和教学组织方式的必要保证。课堂教学结构是目标、内容、组织教法的纽带。因此，教学结构模式的设计历来都是教学研究的一个重要课题。

1. 当前我国体育课堂教学结构尚存在的主要问题

目前我国体育教学中，多是以运动技术、技能为主要基本内容，并需要完成多个教学目的的综合课，大多数教师也都习惯于使用传统的“综合课结构”去上课，每堂课的顺序都是由“组织教学、复习巩固、讲授新知、巩固新知、布置练习”演变而来的体育教学结构。这样的结构看似完整规范，但也存在以下弊端。

（1）知识中心的教学结构跟不上教学目的的发展进程

从传统课堂教学结构上分析，形成以传授运动技术、技能为中心“为教技术而教技术”的知识中心教学结构。然而教学目的基本内容结构应该为“个性和谐发展观”，且这个教学目的在不断扩充和发展。而目前的体育教学的知识中心结构，远未跟上教学目的的发展进程。

（2）以“教”为中心的课堂教学结构忽视了学生学习的主体性

体育课堂教学大多采用“分解教学—练习—分解教学（N）—练习—完整教学”的递进式结构，缺乏运动的整体感知，缺乏学生已有的运动技能和新运动学习的“矛盾”设计，忽视了学生认识活动的心理过程，没有反映出学生学习的规律和主体积极性。

2. 新型体育课堂教学结构模式

新型体育课堂教学结构模式主要的构成因素为完整的课堂教学论结构、灵活多变的教学法结构和有序递进的心理逻辑结构。

（1）教学论结构

体育教学论是研究和说明体育教学的现象、基本因素、本质以及内在规律的一门科学和学科。

（2）教学法结构

教学法的实施顺序和方式可以经常变化，并可以通过某种教学方法的教学法展开并具体化。如情景和问题教学法，课的开始阶段是通过创立问题情境或提出假说等方式引入新的知识，在解决问题或论证假说的过程中附带现实化，也可以检查或复习上次课所学习的知识，视课堂教学目标和教师的教学方法体系而排序。

教学法结构的因素就是教师的“教”和学生的“学”所构成的各种活动，如讲述、模仿、练习、巩固等，是教学的具体体现。“教”“学”的可变性为教师创造性、学识和教学法技巧提供了空间。

教学组织形式也是其中重要的因素。如“分”与“合”，分小组教学与班级教学的协调，即“班级教学—小组教学—班级教学”。首先集体同授的主要目的是让学生对整体知识进行感知，营造群体学习心理氛围和为后续的分小组学习做准备；然后分解教学采用小组学习，主要体现在学习新技能的阶段中；最后再班级教学，这里的“合”，是反馈教学情况，通过讲评小结，提示重点难点，将知识条理化、结构化的整合过程，并对于“合”中反馈的问题，进行教学回授和纠正。“合—分—合”的操作，既可单轮分合也可多轮分合，其轮次取决于教材、教学需要及教师的教学控制能力。

（3）心理逻辑结构

心理逻辑结构是联结教学论结构和教学法结构的内部逻辑环节。掌握知识的过程总是从对事实、事件、规则等的“感知”和“意识”开始的，然后由比较、对比、解释等引导学生对新知识进行“理解”和“领会”，最终将新知识“概括”融入到以前掌握的知识体系中。心理逻辑结构只能通过教学法来表现，如“复现”通过提问、练习等表现出来；“理解”通过正确的回答、分析运动结构、技术正误判断和正确运用（技术、原理、规则）等表现出来；“概括”通过能够正确组合知识的结构，正确地确定新知识在已掌握的知识体系中的地位等表现来。

在课的内部结构中还以是否包含探索性活动的步骤而分为两种不同结构的课，一种是复现性掌握的课（非问题性教学的课），另一种是创造性掌握的课（问题性教学的课）。

由上述可见，在学校体育课堂教学的结构模式中，保证外部教学法结构与内部心理逻辑结构的最优组合，是成功设计一堂课的关键，是课堂教学结构的灵魂。

4. 新型课堂教学结构模式所孕育的功能

（1）课堂教学结构模式体现了教学过程的矛盾和矛盾的发展过程。从课堂教学结构模式的整体结构上分析，“再现已知的知识，在新情况下理解原有知识”和“建立问题情境，提出问题”，形成学生已有能力和知识水平与新授知识之间的矛盾；“感知新教材，思考理解”和“提出设想和假说”，形成解决教学矛盾的过程；“概括、运用”和“检查解决问题的正确性”解决矛盾。教学矛盾贯穿整个课堂教学结构，并成为引导和带动整个课堂教学过程的动力。对矛盾的主、次转化进行分析：结构的开始阶段的“教”处于矛盾主要方面，而“学”是次要方面，教师主导作用使教学的主要矛盾由“教”落实到“学”，最终使学生成为占支配地位的教学主体。

（2）课堂教学结构模式突出体现了学生的主体性。课堂教学结构模式的“完整教学—分解教学—完整教学”有利于学生的运动体验和对运动的整体感知，是引导激发学生主体积极性的重要结构；“班级教学—小组教学—班级教学”，发挥了学生主体能动性和小集体思维的小组教学作用，有利于实现学生个性充分、和谐地发展。

（二）体育教学的结构生成及其社会功能

体育教学是一个复杂而有规律的系统，由多层要素组成，在推进体育教学的改革和优化过程中，对其进行教学结构分析，能全方位加深对体育教学的认识，同时加深对体育教学社会功能的认识。

1. 体育教学的本质和教学结构

体育教学是由多种要素构成的，如：教师、学生、课时、教材、教学方式、教学反馈等。

其中，教师和学生是体育教学结构的基本要素，另外，体育教学要以实现体育课程为目标，以教材和体育器材为载体，在一定的场地环境下进行系统性教学。

体育教学是团体教育，更是终身教育，也是情感交流和身体发展同时进行的教育。因此体育教学的结构生成应当融合个人认知、情感交流和身体发展。

（1）个人认知

一般来说，个人认知能力的主要表现形式有三种：一是概念性认知，即通过语言等形式形成对外界的概念性理解；二是形象认知，通过一定的形象或者对某个形象的想象形成对外界的认知；三是运动认知，通过身体与外界的接触形成的认知。

在体育学习中，学生首先通过语言和文字了解基本体育知识，然后通过示范对体育动作形象有所了解，最后通过身体对体育运动产生认知。

(2)创造良好的情感交流环境

体育教学能使学生在运动和竞技中不断地发现自我、完善自我。因此,创立良好的情感交流环境,也是体育教学结构中的一个重要组成部分。情感交流能激发学生学习体育的兴趣,满足学生的表现欲,实现情感的交流和满足。

(3)促进身体的全面发展

体育教学是直接通过身体对世界产生认知。其教学结构首要一点就是促进身体的全面发展。首先通过多种方式进行体育锻炼,培养健壮的体格;其次,树立正确的体育意识,培养意志力和竞技精神。

2. 体育教学的社会功能

(1)构成学校整体社会功能的一部分

体育教学是学校教学的一个重要组成部分,因此它的社会功能发挥也是包含在学校教学的社会功能中。学校教育的直接作用是帮助受教育者成为一个独立、完整的人,促进个人的“文化形成”。而受教育者的“文化形成”也是把他归属到社会群体中的一个重要考核标准,并且促使受教育者本人在社会中发挥不同作用。

受教育者的“文化形成”是由接受各个学科知识的传授形成的一个整体系统,因此体育教学的社会作用是帮助学生形成自身的体育文化。

另外,人类社会的不断发展也形成了多种多样的文化,体育文化就是其中之一。而体育教学正是对人类社会体育文化的传承。

(2)提高学生适应社会和自然环境的身体素质,提升全面素质

体育的目标是强身健体,增强体质,锻炼意志。学校的体育教学通过多种方式和教学手段来实现这些目标。学生在体育教学中实现体育能力和身体素质的提升,在体育教学中打下的身体基础,有助于增强学生适应社会环境和自然环境的能力,这也是人生存的基本能力之一。

人是社会的组成部分之一,个人身体素质的提升,是构成全民身体素质提升的基础。

(3)提升人际关系等社会交际功能

人际交往是社会活动中必不可少的一部分,也是个人适应社会的一种必备能力,在社会发展中起着信息交流、情感沟通的重要作用。体育教学的教学方式和教学目标,在帮助学生锻炼身体、增强体质的同时,也在锻炼着学生与他人沟通的能力。首先是学生和教师的沟通,其次是学生之间的沟通,另外,体育教学能培养个人对团体或者集体的社会需求心理。

（4）促进心理健康

体育能保持人的心理健康，缓解现代社会所带来的种种生活压力，在提高人身体素质的同时，促进心理状态的良性发展。因此体育教学能对学生的心理状态产生积极影响。体育是个人与团体互动的过程，在身体得到锻炼和舒展的同时，会对人的心理产生极大影响。适当的体育运动，能化解心理的孤独和悲伤，激发人的积极性和主动性。学校体育教学在学生性格养成中也扮演着重要作用。根据相关调查研究，体育教学能帮助学生养成积极、乐观的性格，增强学生的自信心和意志力。

综上所述，体育教学是一个完整的教学体统，其内部构成要素和结构之间的关系直接影响体育教学的效果，促使学生通过体育教学获得身体、心理和精神上的满足，体验情感交流的快乐，并且形成体育文化修养，养成终身体育的意识。体育教学不仅注重“体”，更注重“心”，让学生在体育教学中认识体育运动的本质，从而形成正确的体育意识。

二、体育教学的原理

体育教学原理，简单来说，就是进行体育学习或者教学的时候的一些规律，在学生学习体育技能的时候客观存在的一些规律性。这是和动作的难易程度、性质，学生自身的一些条件、努力的程度，老师的教学水平以及设施和气候有着直接关系的。

（一）学习运动技能的规律和影响因素

通过对于运动技能的一些学习规律的研究，得到认可的研究成果主要有以下两种：首先是整体结构理论，在进行技能学习的时候主要分成认知阶段、联结阶段以及自动化阶段；其次则是联结理论，在学习技能的时候主要是分成了三个各具特点却又相互联系着的阶段，也就是局部动作掌握的阶段、整个动作能够初步掌握的阶段以及对动作进行完善和协调的阶段。对学生运动技能的掌握起到影响的因素很多，主要在反馈和练习两个方面：在进行练习的时候，影响因素主要是进步的实际情况、练习时间的分配、练习的方法是否正确；若是学生进行单纯的动作学习，取得的进步是比较小的，学习技能的时候可以通过反馈的方式，并且学生对练习结果的了解程度也会直接影响到学习效率的提高。

（二）运动技能教学在会能度的基础上的教研规律

在进行体育教学的时候，教学规律有一定的共性，但是由于项目的不同，教学方法和时间的安排都会有一定的差异，这也是教学的个性。

1. 教学时数和运动技能会能度分类之间的关系

（1）会与不会区别比较明显的运动技能。在教学的时候，蛙泳和独轮车这两项运动会与不会之间区别比较明显，并且根据调查显示，蛙泳需要十二个学时才能够学会，而独轮车的直线骑行则需要十个学时。用时比较长的主要原因则是在于运动的复杂程度，蛙泳和独轮车都是比较难的，在对这种项目进行教学的时候则应该安排的时间长一些。

（2）中间型的一些完整运动技能。这些运动技能不很复杂，但是包含的元素比较多，和学生的日常生活有一定的关系。这种技能由于包含了多元动作和单一动作两种，所以在教学安排的时候应该根据实际的情况进行选择。单一的运动可以安排小单元或者中单元的教学，而那些多元动作结构的技能则应该根据实际的情况安排中单元或者大单元的教学。

（3）会或者不会区别比较小的运动技能。这一类的技能包含的动作和元素都比较少，并且也很简单，和我们的日常生活联系紧密。所以在教学的时候难度比较低，学生稍微学习或者是不学习都能很好地把握，这一类的运动在教学中，可以安排很少的时间进行练习。

2. 教学方法和运动技能会能度分类之间的关系

（1）采取分解教学法进行教学，将运动的完整技能分成几个小的部分，一段段地进行动作教学。分解法主要包括的类型便是“简化法”“部分法”“分割法”。

对于那些会或者不会区别非常明显的运动技能，采取分解法教学能够把整个运动简化，根据其复杂性的特点可以通过掌握运动的部分来进行整体的掌握。由于运动技能有一定的组织性，构成部分之间有一定的联系，特别是先后顺序，并且动作的重复性比较低，这也给分解教学提供了方便。但是会和不会区别比较明显的运动本身比较复杂，且技能自身空间组织性是有一定区别的。比如说进行篮球的跳投，其空间组织性比较高，在进行教学的时候，不能够采用分割法的办法，所以可以采用简化法的办法进行教学，在保证动作完整的基础上，降低其难度。

对于那些中间型的运动技能，也能够采取分解法的办法教学，这一类运动本身具有复杂性，但是这类运动对时间和空间的要求比较低，所以可以采用分解教学的办法。

（2）完整教学法的运用。这种教学方法是指整个动作一次性教完，对于那些比较简单并且组织性比较高的运动比较适用。

中间型中的分立运动自身的复杂性比较低，包含的元素比较少，还有一些中间型的运动自身对于时间和空间的要求很高不能进行分解，所以可以采取完整教学的办法进行教学。

那些会或者不会不存在区别的技能，其本身的元素比较少，并且对空间时间的要求比较高，不能够进行分解，所以可以采取完整教学的办法来开展教学。

（3）教学步骤和运动技能会能度分类之间的关系。体育教学的时候，教学步骤应该是比较清晰的，老师在进行教学的时候，必须明确每个步骤之间的联系和关系。对于那些比较难的运动技巧，老师可以先进行分解，学生掌握了部分之后，再采用完整教学的方法，让其将每个步骤联系在一起。

研究运动技能教学对于体育学理的主要意义在于，把握教学中的规律，让学生更好地掌握每个动作，老师也可以通过教学得出更多的经验，更好地进行教学。

第二章 高校体育教学的研究与探索

第一节 体育教学指导思想与制约因素

学校体育教学指导思想是对体育教学活动起方向指导作用的,并以教学目标、任务为核心的基本观点与认识。它从体育教学角度反映了一定时期社会对学校体育、体育教学培养人才的要求,在根本上与社会的政治经济发展水平、学校体育发展水平相适应。按照党的教育方针,人们开始从多角度、多层次的系统出发,进一步确立起生物、心理、社会等多层次的学校体育观。在学校体育指导思想方面,强调学校体育在增强学生体质的同时,要为终身体育求基础,为竞技运动备人才,为培养个性全面发展的社会主义现代化建设者服务。

一、体育教学指导思想

虽然高校体育理论界开展过多次有关体育教学指导思想问题的讨论,但至今尚未取得一致的认识。归纳起来,主要有以下几种观点:①体育教学应以增强学生体质、提高健康水平为主,因此提出“体质教育”的指导思想;②“三基”教学是体育教学的中心环节,因此提出“技能教育”的指导思想;③体育教学应以促进学生德、智、体全面发展为方针,以全面完成体育教学各项目标为主导,因而提出“全面教育”的指导思想;④当前国内外教育家都十分重视学校教育中培养和发展学生的能力,所以提出“培养能力”的指导思想;⑤随着竞技体育的发展,许多高校都成立高水平运动队,于是有的学者强调高校要为发展学生竞技能力,提高运动技术水平多作贡献,因而又提出了“竞技体育”的指导思想。此外,还有“快乐体育”“主动体育”“终身体育”等体育教学指导思想。从现阶段体育教学改革的现状看,各种指导思想都不同程度地在起作用,各种观点都有不同的针对性、时代性和强调的重点。在当前体育教学改革的热潮中,各种指导思想的提出和争论,是深化体育教学改革和活跃学术气氛的表现,这对于逐步建立具有中国特色的体育教学体制是十分有益的。

体育教学指导思想是体育教学活动的根本方向和目标,体育教学要落实以终身体育为指导思想,就必须立足于现实,着眼于未来,对现有的体育课程进行整体改革，重视体育理论知识的传授，建立“少而精”的体育实践教材新体系，延长开设体育课程的年限，体现“以人为本”的观念，关注学生的身心健康，为学生终身健康服务。

二、体育教学指导思想的主要制约因素

体育教学指导思想的形成和发展具有历史的和逻辑的必然性，但制约这种必然性的因素是多种多样的，这些诸多因素的矛盾运动影响着它的产生和发展。正如恩格斯所说：“历史从哪里开始，思想进程也应当从哪里开始，而思想进程的进一步发展不过是历史过程的抽象的、理论上前后一贯的形式的反映，这种反映是经过修正的。这时，每一个要素可以在它完全成熟而具有典型性的发展点上加以考察。”尽管要理顺这些复杂的制约比较困难，但从系统论的角度把体育教学看成一个系统加以分析和概括的话，我们可以把体育教学指导思想的诸多制约因素分为外部主要制约因素和内部主要制约因素。

（一）外部主要制约因素

体育教学指导思想作为一种理性的东西，综合反映了一种社会现象，绝不是独立地存在，它必然受到某些哲学思想、教育思想和民族习惯及文化观的影响。因为思想史的研究不是单一地研究某一领域，而是从政治、经济、历史、教育、宗教、社会这些角度综合、全面地论述它的理论体系和学说。体育教学本身是由于社会的需要而产生的，它的思想是一种社会思潮、倾向和目的复合的体现。这种复合体必须依托于一定社会的政治、经济、文化背景而存在，正如我们研究体育思想史时，要把某一体育思想纳入到整个社会背景中去分析它的产生、发展和各种社会因素，在我们从整个社会的政治、经济、文化等背景考虑体育教学指导思想的制约因素的同时，也不能忽视社会生产力发展水平，尤其是科学技术发展水平。科学技术是第一生产力，它的发达程度往往取决于教育发展水平，而教育发展水平标志着教学论和心理学的发展水准。作为学校教育的一个重要组成部分的体育教学，当我们研究其指导思想的制约因素时，就不得不考虑这些因素。

综上所述，我们探讨体育教学指导思想的外部制约因素，必须从全面的、综合的、联系的观点出发，既考虑社会背景，又考虑社会生产力发展水平。

（二）内部主要制约因素

体育教学指导思想不仅受到外部因素的制约，同时还受其系统内部，如体育教学的本质特征和功能、学生身心发展特点和规律、传统体育教学观念、学校体育教学发展不平衡和多样性、体育教师的政治水平和业务水平、学生的体育观念和体育态度

等诸多因素的影响。

第二节 体育教学体制的目标、内容、方法和评价

一、不断发展体育教学目标

目标是想要达到的境地或标准。体育教学目标是体育教学活动的主体在具体教学活动中所要达到的结果或标准，是教和学双方都应共同遵循的，对教师来说是教授的目标，对学生来说则是学习的目标。理想的教学目标应该是教授目标与学习目标的统一体。由于体育教学目标是在具体的教学活动中所达到的结果，也就意味着，具体教学活动不同，教学目标也有差异。可以说，体育教学目标是一个系统，由大小不等、具有递进关系的一系列教学目标组合成的。它包括教学总目标、课程教学目标、单元教学目标、课时教学目标几个层次，各个下属目标都是其上位目标的具体化。人们追求的目标，总是有特定价值的目标，有特定价值的目标又总是诱发人们的追求。总之，追求价值是人们产生行为的内在动因。体育教学目标也是同样，它必须有特定的价值，使人们通过选择教学内容、方法、手段等来达到这一价值。

（一）体育教学目标的发展过程

中华人民共和国成立以来，我国体育教学目标从单一追求社会需要向追求社会需要与个体需要相结合的方向发展，可以通过 6 次体育教学大纲的修订过程看到这一趋势。1956 年我国第一套体育教学大纲明确规定体育教学的目标是“培养学生成为全面发展的社会主义的建设者和保卫者”。1960 年高校体育教材规定了体育教学的目标是“增强学生体质，并通过体育向学生进行共产主义教育，使学生能更好地学习、参加生产劳动和准备保卫祖国”。1976 年至 20 世纪 80 年代中期学校体育教学大纲规定体育教学目标是“增强学生体质，使之在德育、智育、体育几个方面都得到发展，成为有社会主义觉悟的有文化的劳动者”。1992 年体育教学大纲规定体育教学的目标是“全面锻炼学生身体，增进学生身心健康；掌握体育的基础知识、基本技能，提高学生的体育意识和能力，为终身体育奠定基础；培养学生良好的思想品德，陶冶学生情操”。2000 年体育与健康教学大纲规定体育教学的目标是“学校体育与健康教学以育人为宗旨，与德育、智育和美育相配合，促进青少年身心的全面发展，为培养社会主义的建设者和接班人奠定良好的基础”。2002 年体育教学大纲规定体育教学的目标是“使大学生掌握体育与健康的基本知识、运动技能和科学健身方法；培养运动兴趣和爱好，形成终身体育的意识、习惯和能力；培养竞争意识、合作精神、

坚强意志品质和良好的体育道德，增强控制情绪和抗挫折能力；养成积极乐观的生活态度和健康的行为方式；培养关注和参与社会体育与健康事务的能力”。从以上所列举的目标来看，1992 年以前的体育教学目标要求学生增强体质，在德智体美几方面都得到发展，目的是为社会主义培养合格的建设人才。很明显，这一目标强调了社会需要，突出了体育教学的社会价值。1992 年以后，体育教学大纲对教学目标的表述发生了很大变化，突出特点是重视了学生身心发展，为学生终身体育奠定了基础，在教学中注重陶冶学生的情操等个体的需要，尤其是 2000 年的体育与健康教学大纲明确指出“应以育人为宗旨”，更加明确了以学生为本的教学目标。从此，体育教学目标才实现了由单一追求社会价值向追求社会价值和个体价值相结合的方向发展。分析我国体育教学目标的发展轨迹可见，它与我国政治、经济、文化教育发展的时代要求相适应。这个全国统一规定的教学目标，以及为实现这个目标而建立的一套体育教学的基本体系，其主要特征是：教学目标的统一性、教学要求的整体性、教材内容的系统性、教学管理的纪律性。

（二）体育教学目标的发展特点

任何阶段的体育教学目标的规定、发展和变化都是要与当时社会的政治、经济、文化的发展紧密相关的，都要服从、服务于社会的需要，遵循教育的发展规律；体育教学目标涵盖了智育、德育、美育和体育各个方面的内容，具有统一性，从而制定了统一的教学体系；体育教学目标是实现体育目标中的增强体质，增进健康的基本途径之一，在任何阶段增强学生体质仍是体育教学目标的首要目标。体育教学任务是体育教学目标的具体体现，体育教学目标的制定要完全符合全体大学生的身心发展规律和社会发展的实际需要。

（三）体育教学目标的发展趋势

在倡导“以人为本”“健康第一”“终身体育”的教育观念的同时，体育教学目标也从单纯追求学生外在技能学习转向面向全体学生的身心协调发展，打破传统的以运动技能传授为主线的教学体系，构建以学生的个体需要、体育能力、习惯的培养、健身娱乐、体育卫生健康知识传授为一体的新的教学体系。

首先，重视发展学生身体，增强学生体质，重视体育科学基础知识、体育运动和卫生保健基本知识和技能的传授；其次，在高校体育课教学中，重视学生终身体育态度意识和行为、能力的培养；最后，在高校体育课教学中，强调适应和发展学生的个性，注意培养学生对体育的爱好和享受体育学习的乐趣。

（四）体育教学目标的价值取向

所谓价值取向，是人们价值思维和价值选择的方向性。体育教学目标的价值取向也就是在制定体育教学目标时对体育的价值思维和价值选择的方向性。体育教学目标是体育教学所要达到的目的，是一切体育教学活动的出发点，也是体育教学活动的归宿，同时也是体育教学目标的价值得以实现的可能，体育教学目标的价值取向分为社会本位和学生本位。社会本位要求教学以社会为价值主体，满足社会需要，把学生培养成社会所需要的人；学生本位要求教学应满足学生个体的需要，教学应以学生的兴趣、需要为出发点，让学生自由地、自然地发展。

二、深入改革体育教学内容

（一）体育教学内容的概念

目前在我国体育教学内容的概念还没有一个统一的定义，体育教学内容的概念有如下三种：第一，体育教学内容是依据体育教学目标选择出来、根据学生发展需要和教学条件进行加工的，在体育教学环境下传授给学生的体育知识原理、运动技术和比赛方法等，体育教学内容与体育教材的意思基本相同；第二，为实现体育教学目标而选用的体育卫生保健基本知识和各种运动动作；第三，体育教学内容指的是在体育教学活动中，传授给学生的体育与健康知识、技术技能、培养思想品德、发展智力、体力的总体系。笔者认为，体育教学内容是针对体育教学目标而选择的有利于促进学生身体健康的各种体育理论与运动活动的总称。

（二）教学内容的改革

高校传统的体育教学内容与中小学雷同，多而杂，重点不突出，无针对性。缺乏培养学生从事体育活动的兴趣、爱好、习惯以及独立进行身体锻炼等方面的内容。体育课教学内容中，轻视理论知识教学的现象非常严重，体育人文、体育锻炼等有关科学知识的传授，缺乏针对性、时效性和长远性，学生对自己的体育实践往往没有深刻认识，因此难以在课后自觉锻炼。高校体育与社会体育断层，缺乏连续性和统一性，教材选择缺乏终身受益的内容，使不少大学生毕业后，体育活动也就终结了。因此笔者认为，对体育教学内容应从以下几个方面进行改革。

1. 健身性

健身是体育的本质功能，也是体育教育追求的最根本的目标。尤其是面临着当今学生体质、体能下降的现状，更应选择健身强体的体育内容。

2. 教育性

教育性，即选择的内容蕴涵着丰富的教育因素，对学生的体育意识、体育行为、道德品质、人格完善能产生深刻影响的内容。比如教师在课堂中，寻找恰当的时机讲解所学内容的理论意义和实际意义。

3. 针对性

针对不同的教育对象，采取不同的措施，不可千篇一律，多鼓励，充分调动学生的参与意识。

4. 娱乐性

娱乐性，即选择的体育内容具有趣味性、游戏性与新颖性，对放松身心、消除疲劳、调节情绪、改善心态、丰富生活具有积极作用的项目，如攀岩、定向越野等。

三、创新体育教学方法

长期以来，我国的体育教学，一直以技术教学、技能教学、体能培养为主导思想，运动成绩为主要要求，生物体育、体能体育成为高校体育建设的目标，因而注重运动教育、技能教育、体能教育，注重教学的形式、结构、内容、方法、手段、要求、考核、评价等的统一性与标准化。在中华人民共和国成立初期和社会经济大发展初期，这种体育教学适应国家建设所赋予高校体育的目标和要求，促进了体育的发展，具有积极的意义。当前国家经济转型，世界文化交流激增，旧体育思想和观念的局限性与片面性凸显。体育教学如何与整个高等教育发展相协调、如何适应转型期体育建设的主题、如何适应人才培养的新模式，是我们在21世纪从根本上改变现状，摆脱桎梏，创新高校体育发展模式的关键，也是能否在新形势下全面展示体育育人功能的关键。本着结合高校体育的实际，从教学方法入手，慎思素质教育及“健康第一”对体育教学提出的本质要求，以实践研究为基础，突破传统教学方法中不适合时代要求的内容。重新审视体育教学的教育本质，强调教师的导学与导练，让学生通过高校体育的教育具备一种自学自练的体育能力，以此推进体育教学“课内外一体化”整体性改革进程，促进高校体育适应时代发展的要求。

（一）当前体育教学方法存在的主要问题

1. 教学方法单一

当前，很多高校体育教师由于受到过去传统落后的教育思想观念的影响和制约，在开展体育教学活动中，往往存在教学方法比较单一的问题。在教学活动过程中，一些高校体育教师仍然停留在以传授体育技术为主要教育目的的方法上，一般都表现为继承讲解、示范、练习等传统落后的教学方法。这样，教学效果可想而知。必须进一步转变教育思想观念，继承和发扬传统体育教育的长处，不断创新体育教学的方式方法，更好地为开展体育教学服务，促进学生身心的全面健康发展。

2. 传统教学思想严重影响当前体育教学方法的革新

传统的体育教学方法是教育者有目的、有计划、有组织地对受教育者施加的各方面的影响，以期改变受教育者的心理和生理现状，使教育者达到预期教育目的的活动。这种传统的体育教学观念往往只注重强调教育者主体作用，而忽视了受教育者的主观能动性的发挥。在推行素质教育和创新教育的今天，传统教学方法已经严重阻碍当前体育教学改革的发展。在传统的教学思想的禁锢下，学生在体育教学活动中一直处于被动、消极、受压制的地位，许多学生对体育课产生消极情绪。因此，应改革体育教学方法，使学生课内与课外一样生气勃勃、积极主动。

3. 忽视学生主体作用的发挥

教学以教师、课堂、教材为中心，强调严密组织、严格纪律，为了实现完整的教学进程，教师传授知识无可厚非。在真正的学习过程中，学生是主体，教学的主要目的是为了让学生通过教学有所获得，所有教学方法与形式的选择应该为这个目标而服务。所以在尊重教师作为掌握整个教学进程的主体的同时，更要尊重学习主体，学习主体的实际需要与个体差异是教师教学的依据，只有这样，才能使教学有章可循。

（二）体育教学方法改革的目的

众所周知，在高校体育改革中教学改革是重点。改革体育教学方法，加强学生获取知识的能力和对学生创新精神的培养，是深化体育教学改革的重要内容，对提高办学效益，保证体育教学质量的提高，具有重要的现实意义。1982 年 8 月，邓小平同志在视察北京景山学校时指出："教育要面向现代化，面向世界，面向未来。"深刻地阐明了我国社会主义教育的战略目标。当前，从整体上看，从社会发展的观点来看，高等体育教育面对的将是信息化的社会和知识经济的社会，国力的强弱越来越取决于劳动者的素质，取决于各类人才的数量和质量，这对培养和造就我国社会主义建设急需的一代新人提出了更迫切的要求。体育教学方法改革的目的在于适应时代发展的需要，改革的目标是培养有知识、有能力的、社会认可程度高的、全面发展的人才。

（三）体育教学方法改革的措施

1. 更新教育思想和教育观念

深入开展体育教学方法的改革，必须进一步更新教育思想和教育观念。高等学校体育教育必须树立全面加强素质教育，终身体育思想，增强质量意识等现代教育思想和教育理念，充分认识体育教学方法改革在整个教育教学改革中的地位和作用。把以教师为中心、以课本为中心的传统教学观念转变为以学生为中心、以学习为中心的现代教学理念；把重知识传授、轻能力培养的观念转变为既传授知识，又重视能力的培养，更重视素质教育的观念。在提高认识、转变观念的基础上，把体育教学方法的改革不断引向深入。

2. 实现新型教学模式的创新

形成以学生为主体的新颖教学方法是当前高校教学改革的主要目标之一，是改变传统的教学模式，建构一种既能发挥教师的主导作用，又能充分体现学生认知主体作用的新型教学模式。在这种新的教学模式下，教师是教学活动的指导者和组织者，学生是知识的主动发现者和探究者。教学过程以学生的意义构建为核心，通过建立教学情境，师生之间、学生之间的讨论、协作，与理论紧密结合的实践，使学生达到发现知识、理解知识，并通过意义构建形成自己的知识结构。新型体育教学模式就是在先进的体育教学思想和教学理论指导下建立起来的适应各种类型教学活动的基本结构和框架。这些新的教学模式的出现，有的取向于各种模式的综合运用，有的取向于师生关系的建立，有的取向于教学内容，还有的取向于技能学习与学生心理发展。实现学生从被动学习到主动学习，从生理改造到终身体育意识的培养，从能够学习到学习水平的提高，都是新的教学模式下教学方法的创新成果。

3. 改革体育教学的内容

体育教学内容，是指为实现体育教学目标而选用的体育卫生保健基本知识和各种运动动作，它是实现体育教学目标的根本保证。方法是内容的实现形式，体育教学方法依体育教学内容而存在，它的选择和运用受体育教学内容的制约。首先，体育教学内容的形态制约着体育教学方法的选择；其次，体育教学内容的复杂程度制约着体育教学方法的选择。一定的教学条件下，体育教学内容过多，会造成体育教学方法的单一性，而将教学内容减少或压缩一些，就会促进体育教学方法选择的多样化。所以在体育教学过程中，教师只有独立地对体育教学内容进行重新加工，真正掌握其特点，并把它们转化为自己的知识体系，才能在体育教学方法上获得选择与创新的自主权。

4. 重课堂,优化教、学、练

体育教学方法的优化,不仅在于体育教师“教”的优化,更应包括学生“学”“练”的优化。教学家陶行知先生认为“好的先生不是教书,不是教学生,乃是教学生学”,“教”应该着眼于学生的学和练,优化教育教学过程应该突出学练法的研究。所谓体育教法,是教师依据体育教学目标,根据体育教学内容,向学生发送信息,传授体育知识、技术、技能的方式方法;而学法就是学习体育的基本规律、基本方法。因此,优化教育教学方法应该从两个层面入手:第一,要通过教学方法的优化使学生“要学”;第二,要通过体育教学方法的优化使学生“会学”。体育教学过程中教师既要注意学习认识规律、身心发展规律、技能形成规律,还要及时对学练方法加以优化,努力改进教学,以适应学生掌握和运用。一切教法都要力求使学生会看、会做、会说、会练等。当教师的教学方法着眼于学生的学与练,引导学生达到先是“要学”,继而“会学”的境界时,“外因通过内因起作用”,学生产生了兴趣,掌握了练法,体育教学的实施才能产生预期的效果。

5. 积极培养学生的创新意识

积极培养学生的创新意识,是创新体育教学方法的重要策略之一。首先,要创新思想认识。坚持发展娱乐体育与健身体育的有机结合,这是转变高校体育教育思想观念的具体体现,更是当前体育教学的根本任务;其次,要创新教学内容。教师应当结合实际选择一些符合学生身心健康发展的、深受学生喜爱的体育项目内容开展具体教学活动。这样,就可以切实改变体育教学内容枯燥乏味的不足;再次,要创新教学方法。教师可以结合学生的需要,采用启发教学方式以达到引导学生自己动脑、动手思考和解决问题,进而不断激发和调动学生的积极性。可以运用发现式教学方法,不断培养学生发现问题、思考问题、分析问题的能力;也可以运用学导教学方法,促使学生积极自主进行学习,从而培养、锻炼学生自觉性、主动性,不断养成学生自我锻炼、终身锻炼的行为与习惯。

6. 把握体育教学方法的整体性

体育教学方法的优化,不能局限于就教学方法来研究教学方法,而应系统考虑构成体育教学方法体系中的各种因素,以及它们之间的内在联系。首先,要把体育教学方法作为整个体育教学系统中一个重要因素,在体育教学过程诸要素之间考察其作用与效果。事实上,体育教学方法总是和具体的教学内容相联系并与一定组织形式相结合的;其次,要把具体的方法作为一个要素来研究,力求各要素的最佳组合。实现体育教学过程最优化,并不是将传统的体育教学方法摒弃,而是在提高质量的同时，使它们在具体的教学情境中实现最佳的组合。体育教学的特点决定了体育教学方法的多样性，它们各自的优劣只是一个相对的概念，所谓“好的教学方法”，实为“最适当的教学方法”，是相对具体的目标而言的。如“手把手”的方式教学用来使学生体会某些技术要领，获得“运动感受性试验”是行之有效的，但并不适用于所有技术。现代化的直观教具如电影、电视、幻灯等的运用大大丰富了直观教学手段，但也在一定程度上影响学生抽象思维的发展。可见多种教学方法都有其优越性和局限性，要根据各种教学方法的相互联系和辩证关系取长补短、相辅相成，发挥体育教学方法本身的整体综合效应。现代信息技术在体育教学中的应用，不仅为老师提供了新的教学方法，也为老师和学生营造了很好的交流平台，让教学更自然地延伸和发挥其应有的效果。根据具体情况认真研究课程建设、改革教学方法，从而营造一个现代化的教学环境是现代教育改革的必然要求。

四、完善体育教学评价体系

体育教学评价具有对体育教学活动及其效果进行判断，通过信息反馈调控教学过程，保证教学活动朝向和达到预定目标的功能。目前，高校体育课程的改革已成为高校体育教师论及的热点问题。其中，注重让学生体验运动乐趣和发展学生主动性的体育教学模式，正在被许多高校所推广。但是，由于教学评价在我国起步较晚，不论是理论研究还是实践操作，都仍处在一个不断发展的时期，作为教育评价的一个分支，体育教学评价工作开始更晚，许多方面还处在探索之中。由于与新的体育教学模式相配套的体育教学评价体系还没有及时推出，仍采用旧的体育教学评价体系评价新的体育教学模式，因此，推出新的体育教学评价体系是当前急需解决的问题。

（一）传统体育教学评价分析

传统的体育教学评价方法，采用运动项目测试的成绩给学生评分，这种方法是描述学生的个体水平及其在群体中所处的位置，给学生排名次，不能客观地反映学生学习的前后变化，作为体育教学效果评价不够合理。用什么样的评价方法来描述学生个体在学习过程中的变化程度，从而更合理地为学生评分，笔者认为这是研究体育教学评价的目的。

1. 体育教学目标认识的误区影响着体育教学评价的方向

体育教学目标影响着体育教学评价方向。关于体育教学目标的确立，一直存在不同的观点：在学校体育目标与体育教学目标的异同上，在体育教学中增强体质与提高健康水平的互相联系上，在提高运动技能水平与掌握锻炼身体的方法上，在提高运动技术技能与掌握手段的互相关系上，在对终身体育意识和体育能力的认识上，甚至在教师主导作用上都存在一些误区。由于体育教学目标的内涵不明确，层次模糊，导致课堂教学任务的确定、教学内容的选择、教学方法的应用都受到影响。这种体育教学目标认识的不一致，必然会在教学评价体系的具体指标中反映出来，并对体育教学的方向产生影响。

2. 注重评价指标定量化导致评价结果的片面

注重量化，强调可操作性、可比性，是体育教学评价的一种倾向。人们认为量化的东西比较客观，便于操作，其结果的可比性也很强，因此较热衷于进行定量分析，忽略了对评价目的和评价理论的深入研究和认真分析，这种片面性主要表现在，评价指标体系总是以能直接量化的因素为主体，如学生的技评与达标成绩，学生的达标比例，上课时学生的密度、运动强度、运动量曲线等，然后将不易量化的教学行为采取分级量化的形式，对优秀、良好、及格、达标、不达标等级给予相应的分数，而那些在体育教学中很有意义，但很难量化的因素却被忽略了。如学生正确的体育态度的形成、情感意识的发展、终身体育意识的树立、体育能力的自我超越等，都是体育教学目标的重要因素，应该作为体育教学评价的重要内容，但大多在评价体系中没有体现。显然，这样的指标评价体系是不完整的，评价结果是片面的。

3. 结果的功利性影响评价结论的客观性

运用客观标准对体育教学进行检查，并通过认真分析和评判，得出结论，然后进行信息反馈，以进一步改善教学，这是体育教学的出发点和落脚点。教师自己主动评价时，这种指导思想容易得到体现，一旦评价的结果同教师评优、晋职等联系起来时，就蒙上功利性色彩，得出的评价结论往往就会变得复杂起来，评价者可能就会考虑各种与评价无关的因素，只肯定成绩，对改进教学的意见却闪烁其词，避而不谈，使评价结论失去了公正性，不能客观地反映评价的真实情况，体育教学评价就失去了它应有的价值。

（二）高校新的体育教学评价与传统体育教学评价的区别

1. 评价的指标所体现的作用不同

传统体育教学评价的作用在于学生对总量掌握了多少；而新体育教学评价除了具有传统体育教学评价的功能外，还包含学生完成目标的情况。

2. 评价对象的影响范围不同

传统体育教学评价对部分学生的影响是消极的，有的学生“不努力都行”，而有的学生“怎么努力都不行”；而新体育教学评价要求所有学生都要确立目标，影响范围广,是积极的“只要努力就行”。

3. 由终结评价向过程评价转化

传统体育教学评价定位于教学内容结束时的最后评分，而新体育教学评价考虑的是起始目标到终极目标的变化程度,是过程目标和终极目标的结合。

(1)评价从重结果向重过程转化。目标评价的目的是通过评价教学过程,从而达到督促和鼓励学生学习,修正和改进教师教学方案的作用,发挥反馈功能。

(2)评价内容从单一向多元转化。影响体育教学评价的因素是多方面的,它是对学生学习效果的多因素评价。

(3)评价方法从定量到定量与定性相结合转化。体育教学评价包含着学生的情感态度等非智力和非体力因素的结合，定性分析纳入评价的内容，量化指标的重要性相对降低。

（三）新的体育教学模式与传统体育教学评价间存在的问题以及解决的办法

1. 主要问题

新的体育教学模式与传统体育教学评价标准间存在的主要问题，将会导致学生所学的项目与所考的项目不一致，致使学生不重视学习过程，从而挫伤了学生的学习积极性和主动性。

2. 解决方法

(1)给学生较大的选择空间。不论学生在每学期当中选择什么专项,除了进行专项内容的考试外，还应对几个规定的项目进行考试，这样他们就会自觉地去练习要考试的项目。可促使学生养成自觉锻炼的好习惯，从而为学生从事终身体育锻炼打下良好的基础。

(2)给体育教师较大的评价空间。每个学生在体育基础、体质状况等方面都存在差异,体育教师在上课时要摸清每个学生的情况，对学生评价因人而异，根据他们上课的态度、进步情况、成绩差异等进行综合评价。从另一个角度说,体育教师得到了一个宽松的上课环境，可以对那些少数认为自己体育成绩可以轻松过关而又不好好上课的学生，给予适当的减分，而对那些体育基础虽然较差，但认真上课的学生，给予适当加分,这样对学生的评价就比较合理和公平。

(3)给学生自我客观评价的机会。我国现行的评价标准都是由教师完成的,体育学科应该尝试学生自我评价的形式，让学生自己作一个较全面的回顾，然后对自己的体育学习进行小结,这样对学生今后的体育学习态度和学习热情十分有利。当然，学生自我评价前，教师首先要给学生强调自我评价的客观性，如果发现学生自我评价有较大水分时，体育教师要参与其中，帮助学生端正态度，给自己一个客观的体育自我评价。

（4）引导学生互评。教师对学生的了解，不如学生之间的了解。采用学生互评方式，可使评价的真实性更高，同时，学生互评能够避免学生自我评价的较大水分。因此，将学生互评与学生自我评价、教师评价结合起来，对学生的学习评价更客观、更全面、更立体。

（5）引入相对评价。教育部2002年颁布的《全国普通高等学校体育课程教学指导纲要》规定，要把“学生的进步幅度纳入评价内容”。如学生在此学期开学时的体育成绩较差，经过一段时间的努力后，成绩有了很大的进步，但仍未达到现行的体育评价标准中的合格标准，这时体育教师就可以根据相对评价的原则对这部分学生进行正确的评价。

（6）将评价的标准区间值增大。我国现行的体育教学评价标准把分值划分得很细，这样容易使学生只注重体育评价的结果，而不注重体育锻炼的过程，使学生产生急功近利的思想。在国外一些著名高校的教育体系中，所有的学科成绩评价均采用A、B、C、D、E五个档次。笔者认为，可以将这种方法借鉴到我国的体育教学评价中来，把国外的这个标准换算成我国的百分制，20分一个等级，制定评价标准时可以实行这样的分级制度，把学生引导到注重体育锻炼的过程中来。

第三节　体育教学现状的分析和创新设想

一、体育教学现状的分析

（一）忽视体育科学传授

当前，高校的体育理论教材不仅比重偏小，而且内容粗糙，缺乏实效性、针对性和长远性，实用价值不高，未形成一个适应现代发展的大学生体育理论知识体系及相应的教育检查和评定措施。学生对自己的体育技术技能知其然而不知其所以然，不清楚自己是否需要这些练习，故而难以在课后进行自觉锻炼。

（二）体育教学目标狭窄

高校体育与社会体育断层，缺乏连续性和统一性。两者之间尚未开辟出教育通道，过分注重学生的现实锻炼，盲目追求体育教育的近期达标效益，片面地将增强学生体质的教育目标归结为增强在校期间学生的体质，缺乏培养学生从事体育活动的兴趣爱好、终身参加体育锻炼的习惯和独立进行身体锻炼的能力。

（三）教材杂乱而不精

教材的选择过多从运动技术角度考虑，强调传授以运动技能为中心的教学，偏重运动外在表现形式，大多活动项目缺乏终身受益内容，远远不能适应大学生成年后的运动要求。由于缺乏一定的终身健身运动项目，不少大学生从学校毕业后体育生活也随即停止。一个大学生接受了十几年的体育教育，在他走上工作岗位后，竟与体育分别，这与体育教学忽视培养学生健身意识、能力和习惯有直接关系。

上述情况说明，在体育教学中盲目地把运动技术传授抬到至高无上的地位，忽视学生身心发展的特点和个体差异，把许多难度高、技术复杂的竞技运动项目原封不动地搬到体育教学中来，并统一教学要求与考核标准，而采用的教学方法与教学步骤又是专业院校专项教学方法的浓缩，致使学生望而生畏，难以掌握技术，从而产生厌学情绪。

二、创新体育教学现状的设想

（一）树立全新教学观念

明确体育教学在当前形式下的重要职责，坚定地树立起崭新的体育教学观念。

（1）体育教学是培养新世纪人才必不可少的教育环节，高校育人的目标不单是向学生传授科学文化知识，更需要注重的是学生的德、智、体综合素质的培养。

（2）着眼于未来新时代的新要求，以终身体育锻炼取代传统的课堂体育教学观念，着重培养学生的终身健身理念。

（二）加强基础理论知识学习

高校学生应不断提高认识与学识修养，应具备不断发展的能力以适应新变化的出现，应具有从缺憾向完美阶段前进的潜能。因此，在设置体育课程的具体内容时，应增加运动原理、强健体质以及人体、物理力学等理论知识，并且要具有突出性、实效性、指导性、针对性与时代性，使学生能够在体育教学中终身受益。

（三）加强硬件设置建设与师资力量投入

体育场馆、运动器械与师资队伍的质量是培养高素质学生的必备条件，改善场馆设施是提高高校体育工作水平的当务之急。制约高校人才培养和高校体育改革的又一重要因素是学校师资队伍的质量，由于当前知识更新速度快，交叉学科和边缘学科发展迅速，所以只有适应高速发展的高素质教师才能培养出高素质的学生。因此，应该加强教师之间的学术交流活动，定期派遣教师到先进学校进行学习，以提高教师教学的水平与能力，并鼓励体育教师积极参与相关的科研活动。

（四）将“终身化”作为体育教学的宗旨

社会的发展需要终身化体育，这也是人们工作、生活的基础性需要。从体育教学的实际情况以及全民身体素质的实际情况出发，增加体育课时，延长体育教学年限势在必行。在大学体育教育阶段进行全程体育课程教学，并贯穿于大学教育的全过程当中，以提高学生主动健身的意识，使学生认识到终身健身锻炼的重要性，从而保证学生在毕业后依然能够熟练运用两种以上的锻炼方法和手段，真正实现体育锻炼终身化。

第四节　体育教学环境的设计与实施

一、体育教学环境的构成因素

（一）体育教学环境的物质环境

高校体育物质环境是指体育场馆、体育器材等。良好的物质环境是保证体育教学和体育活动开展的重要物质条件，是实现体育教学目标，提高学生健康水平的重要物质支持。高校漂亮、宏伟、造型各异的体育场馆，是激发学生体育兴趣，保持参与锻炼的动力之一。

（二）体育教学环境的制度环境

制度作为约束和强化实践活动的组织内容，高校的体育制度是保证学生锻炼时间、提升体育开展约束力的重要内容。当前高校的体育制度主要指学校体育工作条例等，各个学校制定适合学校体育活动开展的制度，也是保证体育教学开展的重要依据。灵活、严谨的制度环境是提升高校体育环境建设质量的重要保证。

（三）体育教学环境的舆论环境

良好的体育舆论导向能够有效发挥体育先进人物、先进事迹的激励作用，提高大学生从事体育锻炼的积极性。在更高的层次上，提高大学生对体育的认识、体育习惯的养成、参与体育锻炼的动力等。体育舆论环境是实现大学生从被动接受体育转变成主动参与锻炼的条件。

（四）体育教学环境的心理环境

体育教学的心理环境是体育教学中无形的、动态的软环境部分，主要包括班风与校风、学校体育的传统与风气、体育教学中的人际关系等。体育教学中的人际关系主要是体育教师与学生的关系和学生与学生的关系。

二、体育教学环境的设计

体育教学环境对体育教学活动至关重要，体育教学环境在体育教学活动中处于至关重要的地位。良性的体育教学环境对体育教学活动起着积极作用，这种积极的影响作用于体育教学目标的达成、教学内容的丰富、教学原则的落实和教学评价的完善。

（一）体育教学环境的现状

体育教学环境的现状并不理想。一方面是领导不重视；另一方面来自于部分高校自身物质环境的劣势。许多学校没有体育馆、游泳馆，部分学校体育设施不健全，还有部分学校没有良好的体育传统，学校不重视体育场地的建设和维护。另外，很多高校师生和学生之间的人际关系紧张，一半以上的学生觉得本校体育场地的布局不合理。在有体育馆的学校，对体育馆的建设和维护上也存在多方面的弊端。总之，目前高校的体育教学环境远远达不到学生和社会的要求和期望，体育教学环境急需设计和优化。

（二）体育教学环境设计的原则

1. 教育性原则

高校是一个特殊的环境体，高校的作用在于净化身心，启迪知识。因此，对体育教学环境的设计和优化要注意教育性原则，要有利于激发学生的体育思维，有利于提高学生的体育动机，有利于陶冶学生的体育情操。

2. 科学性原则

将体育教学环境的设计与优化从体育教学目标、体育教学内容的实际和特点出发，尽可能满足体育教学活动的各种需要。体育教学环境的设计与优化要符合学校美学、生态美学、建筑美学等基本要求。

3. 系统性原则

高校体育环境构建是促进教育优质化实施的措施之一，是高校体育部门的任务，也是高校多个部门相互支持的结果。从系统观的角度出发构建体育环境，首先要提升环境的系统意识，以发展高等教育为目标，做好高校体育环境建设的资源开发和共享；其次，提升高校体育制度的有效性和适用性；最后，加强高校体育舆论宣传，促进学生参与体育锻炼的积极性，更好地带动高校体育环境氛围的建设。

4. 区别对待原则

体育教学环境的设计与优化要考虑不同年龄、不同性别、不同身体素质的学生身心发展的基本规律，要照顾大多数学生的需要，另外，要特别关注部分特殊群体的需求和个性发展需要。

5. 人文性原则

所谓人文性原则，是体育教学环境的设计与优化要始终以学生为本。各种体育教学物质环境的设置，不仅要体现对学生的人文关怀，考虑到学生的生命安全、卫生等，还要营造出和谐的、充满人性的、民主平等的氛围。

6. 实用性原则

所谓实用性，是体育教学环境的设计与优化，要根据各个高校的实际情况和实际经济条件，符合经济、高效、实用的宗旨。注重体育教学物质环境的因地制宜以及体育教学心理环境的独具特色，形成各个高校的特色。

三、体育教学环境的实施要素

（一）以学生发展为主，提升环境对兴趣的激发效果

要充分利用高校体育课程的开展，提升高校体育环境的使用和改进空间，充分保证体育环境的建设进程。通过认真组织和实施体育课，保证学生掌握体育技能的有效性，不断提升学生的体育意识和体育观念。充分借助高校的文化优势，加强对新兴运动项目、励志体育明星的宣传，更好地激发大学生参与运动的激情，保证体育环境创新特点的延续；要不断增强体育学习内容的新颖性和适用性，在促进学生体育技能、体育意识发展方面，构建体育教学的环境氛围。

（二）加强高校体育制度环境的创设，提升体育教学的规范化

在高校体育环境创建的过程中，要在遵守学校体育工作条例的基础上，制定适合高校体育环境形成的考核办法，加强对大学生运动会、课外社团、竞技比赛等管理制度的制定，从场地场馆使用制度，到运动员选拔制度，都按照一个良性的运作过程，来提升制度环境创建的有效性。

（三）创建适合高校学生身心发展的体育环境

高校学生在接受体育教育的过程中，身体素质得到了一定的发展，如果对于一些所谓的“优秀课程”不假思索地照搬，结果就是很有可能造成学生对体育课的敷衍了事。因此，只有选择合适的体育教学内容，才能够使学生真正爱上体育课。

（四）充分利用高校的体育教学物质环境

充分利用学校已有的各种有利环境条件，创设具有特色的学校体育教学环境。在体育教学环境的设计与优化中，各个高校要充分挖掘、精心设计，开创和突出各个高校的体育教学特色，合理地变通，将不利的体育教学环境转化为有利的体育教学环境。

（五）加强体育课堂教学管理，营造宽松、和谐、民主的体育课堂氛围

从基本的规范强化课堂的教学管理，同时发挥骨干的作用，帮助学生进行自我管理，提高学生在体育教学活动中的自我约束能力。培养学生主动参与体育学习的态度和习惯，让学生主动参与到体育教学活动中，注重课堂教学活动中的人际情感交流，形成教师与学生互相激励、互相鼓舞的良好情感氛围。

第五节　体育教学模式发展趋势研究

学校体育是国民体育的战略重点，这是我国体育理论界早已达成的共识。高校体育是学校体育的最后一环，与社会体育紧密相连，其教育效果与整体发展水平对我国正在实施的全民健身计划起着举足轻重的作用，因而应站在历史的高度，以战略的眼光来认识高校体育教育改革的重要性和迫切性。教育改革应以教学改革为核心，而教学改革的核心则是课程设置和教学内容的选择。笔者在本节中把高校体育的目的任务定位于健康教育与终身体育意识的培养和发展上，并以此为基点，力图构建一个理论依据充分、实效性和可操作性较强的体育教学课程模式，并对这一课程模式的整体运行机制作初步探讨。

教学模式是按照一定原理设计的、具有相应结构和功能的教学活动组合或策略，它既是教育系统和教学过程的具体化和实践化，又是教学形式和教学方法的综合载体。

一、构建体育教学新模式的对策分析

（一）构建普通体育教学新模式的分析

构建一个完整的体育教学模式，包括教学思想、教学目标、教学结构和教学方法等诸多方面，因此，改革体育教学模式，实质上就是对体育教学过程的重新整合，其结构是否合理主要看教学的组织形式和方法是否适应学生的需要、是否最大限度地实现教学目标。目前，普通体育教学模式存在以下两方面因素：一方面众多体育教学思想一齐涌入体育课堂；另一方面高校体育为体现有别于传统的教学思想，在教学中尽可能多地接纳，造成体育教学主题分散、华而不实、负担过重。目前，高校广为采用的以班为群体形式，虽然整齐划一、秩序井然、便于教学管理，却不易于对大学生的个体差异、兴趣爱好、掌握技术的能力等进行卓有成效的教育与培养，这显然不利于教学目标的实现。

（二）构建体育教学新模式的对策

（1）明确体育教学应遵循和坚持的指导思想；

（2）依据指导思想，改革体育教学内容与教材；

（3）改革体育教学班的组成方式，让学生在不同的学段选择参加不同项目组合的教学班；

（4）改进教学方法，当前，应着重研究如何根据多样化的课程内容和针对不同的教学对象采用有效的教学方法。

二、适应素质教育要求，构建新的体育教学模式

从以上几种模式可以看出，教学模式越来越重视发展能力，重视学生的主导地位，各种教学模式互相借鉴，共同发展。要充分发挥教学模式的作用，优化教学结构，必须树立正确的体育教学观念。

（一）树立全面育人的体育教学观念

体育教学应当从培养德、智、体全面发展的高素质人才出发，给予大学生全方位的教育，即体育教育、健康教育、竞技教育、生活教育和娱乐教育等。

（二）树立主动体育的体育教学观念

在体育教学中，既要充分发挥教师的主导作用，又要注意发挥学生的主体作用，努力调动学生学习体育和锻炼身体的主动性和积极性，激发学生对体育的兴趣，让

学生主动地、自觉地体验体育学习的乐趣，从而促进学生身心健康发展，培养学生终身从事体育锻炼的习惯。

（三）树立三维综合评价的体育教学观念

在评价体育教学效果时，不能仅仅以提高生理机能为标准，追求生物学改造的效果，而应从生物、心理和社会三维的角度来综合评价体育教学的效果。三维体育的教学观，反映了体育教学是一个多功能、多目标的动态系统，它通过大量的体育教学实践取得效果。

三、新的体育教学模式的设计

（一）第一学年：基础课

以全面锻炼和提高身体素质为主，通过体育基本知识的传授和基本技能的培养来实现高校体育的目标。可根据具体的场地器材等条件，充分发挥教师的主导作用和能动作用，使学生身体素质和身体技能得到全面发展，为参加第二学年的选项打下基础。考核时，以全面的素质指标和技能指标为主。

（二）第二学年：选项课

根据学校场地、器材和师资等情况，按项目开设若干个选修班，由学生根据自己的特长和兴趣，选择项目和教师。在具体的实施过程中，每个项目根据学生掌握技术的情况可分为初、中、高级班，既可满足学生初选，又可满足再选。体育特长生可根据项目编入高级班。考核时，以技能指标为主，结合一定比例的素质指标。

（三）第三、四学年：俱乐部协会制

俱乐部教学模式使高校体育与社会体育接轨，它在树立学生终身体育思想和培养终身体育习惯方面的作用是其他教学模式难以替代的，可集中开设一些项目，以学生自我锻炼为主，开展有偿性教学。这不仅有利于增强大学生的体育意识，培养经常锻炼身体的习惯，也有利于把大学生的体育教学过程延伸到高等教育的全过程，保持体育教学与课外活动的统一性和连贯性。

四、新的体育教学模式构建的依据

（一）新时期对传统体育教学模式变革的需要

新的《全国普通高等学校体育课程教学指导纲要》要求“把健康第一的指导思想作为确定教学内容的基本出发点，同时重视教学内容的体育文化含量”。面对新时期

社会、经济、文化的快速发展，学生在学校所学的知识很可能在离校不久便过时了。因此，体育教学应该使学生了解终身学习的重要性，培养学生终身学习的习惯和技能，使其走向社会后，能够成为终身学习的实践者。

（二）新时期对体育教学改革的要求

体育教学改革必须做到：体育的终身化、体育的民主化、体育的多样化和体育的个性化。体育的终身化就是打破学校体育的原有空间和时间的限制，把体育扩展到社会和人生的每个阶段；体育的民主化就是打破不平等、不民主，改变以教师为中心，学生被动服从的教学关系；体育的多样化就是在体育教学中采取多种教学方法，提倡师生之间、学生与学生之间的多边互动活动，努力提高学生参与的积极性，最大限度地发挥学生的创造性；体育的个性化就是在体育教学中每个学生所显示的各种不同的运动本能、素质、价值取向、集体荣誉等。

（三）新时期为高校体育改革提供了条件

高校体育自改革开放以来取得了令人瞩目的成就，集中体现为四大优势：一是人才优势；二是信息优势；三是物资优势；四是地位优势。这四大优势说明，体育教学模式的改革具有坚实的基础。

（四）高校学生对体育教学模式的选择需要

笔者曾过对湖北经济学院、武汉大学、华中科技大学、武汉工程大学、湖北大学等院校 750 名高校学生就你喜欢的体育教学模式进行问卷调查，结果选择以全面发展身体素质为主的“基础课”37 人，占 4.9%；选择与社会接轨的“俱乐部”协会制的 156 人，占 20.8%；选择以兴趣爱好为主、能够自由选择教师的“选项课”185 人，占 24.7%；选择一年级“基础课”，二年级“选项课”，三、四年级“俱乐部”协会制的 372 人，占 49.6%。调查结果表明，第一学年“基础课”，第二学年“选项课”，第三、四学年“俱乐部”协会制是最受高校学生喜爱的教学模式。

五、体育教学模式的发展趋势研究

体育教学模式是体育教学活动赖以开展的必要条件，但体育教学模式并不是一成不变的，必须明确该模式是由内容决定形式，而绝不是由形式决定内容。

（一）体育教学模式的开放化

目前，全国各大高校体育课教学模式不尽相同，各校根据校情不同会采用不同的、适合自己的体育课教学模式，大的改革方向还是一致的，都是朝开放式的、更加符合当代大学生心理和生理特点发展的方向进行。开放式体育教学模式是今后一个发展趋势，特别是随着社会的发展和进步，电子产业和信息技术迅猛发展并直接介入体育教学活动，使输送信息的手段灵活和开放。

未来的高校体育将采用多种途径、多种方法、多种形式来满足学生的不同体育要求，向社会开放，向国际开放，体育课堂也将扩展到社会，扩展到大自然。

（二）体育教学模式的多元化

随着学校教学由“应试教育”向“素质教育”的转轨，高校体育应从学校的“阶段体育”向“终身体育”转变，从片面的生物学评价或运动技术评价向综合性评价转变。体育价值观从单一的健身向健身、健心、娱乐等多元价值观改变，单一的体育教学模式无法满足多元的体育教学目标的需要，因此，要从单一的教学模式向复合式的、具有现代性和科学性的教学模式转变，并且多种教学模式相互渗透、互相依存将是未来体育教学的发展趋势。

第六节　体育教学改革的研究

伴随着我国改革开放的脚步，高校体育课程教学走过了几十年的风雨历程。站在科学发展观的视角，回顾改革的历史，探讨改革的得失，分析目前的状况，寻求发展的策略，无论是对高校体育课程理论体系的建设，还是对推进教学改革实践的深化，都具有积极的意义。

一、体育教学中普遍存在的问题

（一）教学目标理论与实践不完全一致

现行的高校体育课程教学目标涵盖了“运动参与、运动技能、身体健康、心理健康、社会适应”等五个领域的内容。从理论上看，它充分关注了学生的健康成长和人的全面发展，体现了“以人为本”的时代理念。但在实际操作中，由于教学内容、教学组织形式、学生个体水平不同，要通过有限的教学时间（144 学时）完成五个领域的教学任务是极其困难的。加之近年来我国高等教育规模的急剧扩张，给大多数学校带来的教师资源不足、体育场地设施短缺等问题，要全面达成教学目标事实上几乎不可能。

（二）教学效果测量与评价不科学

教学效果测量方法与评价标准的改革步履维艰，至今仍未走出“生物体育”的怪圈。测量与评价课堂教学效果的通行方法是监控学生的心率变化，无论什么类型的体育课，也不管课的教学内容、教学任务是什么，无一例外的是通过“摸脉”获取学生心率的变化情况，由此推断其生理负荷，进而评价教学效果。至于教学目标中运动参与态度、知识技能掌握、心理品质培养等方面的指标，或是因为课时计划（教案）中原本就没有设计具体的达成路径与措施，或是因为根本就没有切实可行的办法进行操作而不得不将其束之高阁。

（三）教学改革重心偏移

长期以来，国家、省（部、委）重点资助的高校体育课程改革研究项目主要集中在“985”“211”大学，教学改革的试验区也局限在位于中心城市且办学条件好、生源质量高的重点大学。真正能够代表我国高校主体的地方院校（占高校总数 80% 以上），始终被搁置在边缘地带。教学改革实践中，站在教师“如何教”的角度，进行“教法”改革的项目与成果俯拾即是，而站在体育课程学习主体——学生的角度，研究“如何学”的问题，进行“学法”改革项目与成果寥若晨星，改革的重心偏失。

（四）课改试验事倍功半

课程改革试验是对未知领域的探索，是走前人没有走过的道路，局部乃至整体的失败都是在所难免的，即使是失败了，至少也可以为后来者提供借鉴，从这个意义上讲“失败是成功之母”。但对传统教学理论近乎是颠覆性的“新课改”试验，自 2001 年开始在全国 38 个国家级试验区试行，至今未见到任何实验区的任何实验失败的报道，体育教学改革亦是如此。事实上，“新课标”“新纲要”的教学理论还远未成熟，在用以指导体育课教学实践时经常会遇到捉襟见肘的尴尬。这些“尴尬”长期被好大喜功的心态屏蔽，致使课改试验事倍功半。

（五）理论研究缺少争鸣

在体育课程改革研究中，对上级主管部门的指示和意见，非高声赞颂即积极响应，罕见应有的学术质疑。对专家、学者提出的某种新观点或学说，紧随其后的通常是对它的注释和佐证，没有不同观点的争鸣与批判。这种近乎“跟着疯子扬土”式的学术风气，使得改革实践中涌现出来的一些极具发展前景的学术观点和实操范例，在无所节制的滥用和沸沸扬扬炒作中早早夭折。长期以来，缺乏争鸣与批判，已成为体育教学改革与研究领域久治不愈的“顽症”，严重地阻滞了学术发展，是我国至今未能形成具有本土特色的、完整的体育教学理论体系的根本原因。

（六）教师管理导向错位

现行的高等学校教师工作绩效评价与职称晋升制度中，学术论文的数量是衡量教师业务水平、决定其职称升迁的硬性指标。没有在学术期刊尤其是核心期刊上发表一定数量的论文，就无法在教师队伍中立足，至少是无法迈进精英队伍——高级职称的行列。面对关乎自身生存发展的选择，体育教师不得不放弃深入探求体育教学规律、不断提高教学水平的价值追求，而将大量的精力用于揣摩学术刊物的“口味”，研究与本职工作毫无实际关系的“纯理论”问题。撰写论文成了教师的第一要务，发表论文成为从事研究工作的唯一目的，致使大量教学改革的实际工作处于被动应付的境地。

二、体育教学改革的具体措施

根据教育部《大学体育教学基本要求》的精神，结合我国体育教学的现状，并借鉴成功的国际体育教学经验，我国体育教学改革应从教学大纲、教学模式、课程设置、教学评估以及师资队伍建设五个方面入手。

（一）制订有本校特色的教学大纲

各高校应根据本校学生的特点，结合本校的办学特色和人才培养方向，参照全国统一的教学大纲的要求，制订本校的科学化、系统化、个性化的体育教学大纲及具体实施方案和细则，指导本校的体育教学工作。

（二）转变教学思想，改革教学模式

当前大学体育教学应由传统的“以教师为中心”向“以学生为中心”转变，强调师生互动，发挥学生的主体作用和教师的主导作用，充分调动学生的学习积极性，使学生实现由“要我学”到“我要学”，进而达到“我会学”的根本性转变。在新的教学模式下，教师的角色理应发生革命性的转变，教师应由过去单纯的体育技术的传授者转变为教学内容的设计者、教学活动的组织者、教学过程的监控者、教学结果的检验者以及学生能力的培养者。改革教学模式时，应实施分层与分流教学、普修与专修教学相结合，课堂教学与课外体育锻炼相结合，大班上理论课与小班上技术课相结合，课堂教学与开放式自主教学相结合，传统教学与多媒体辅助教学相结合等多种方式。学生可在同年级、多种教材范围内自由选择上课。在考试方面，将通过学校进一步建立体育理论与实践试题库，以抽签形式确定考试内容，并对结果给予评价。在完成体育教学任务的同时，增加体育选修课程，为培养学生的终身体育意识打好基础。

（三）改革高校体育课程设置

从我国体育教学的实践不难发现，一方面，体育课的教学内容和学时不能满足学生兴趣和锻炼身体的需要，学生总是围绕达标、考试而进行学习锻炼，这在一定程度上抑制了学生的个性发展；另一方面，体育教学仍沿用传统的“运动训练法”和“普通教学法”，即通过教师的讲解示范、学生的模仿练习，以达到应付达标和考试的目的。课程结构、教学内容与教学方法仍然停留在一种“大学名称、中学内容、小学组织”的模式中。由于长期以竞技体育知识为中心或过分强化了其知识、技能在体育教学内容中所占的比重，而导致了学生竞技知识与健身能力之间的失衡。显然，这种重竞技知识、轻健身能力，重共性、轻个性的课程设置模式与素质教育的理论相背离，不利于现代社会创新人才的培养。因此，高校体育课程的设置，在内容上，要充分考虑学生的兴趣及其运动习惯的养成。在高校课程安排上应相应地减少体育必修课的比例，增大选修课的比例；应该加强课外体育锻炼的组织与实施，建立以健身为主要内容的新体系。体育的课程内容需要增加大量的休闲运动，尤其是终身体育的内容要不断地增大，使学生体会到运动的价值不仅在于提高运动技术水平，更重要的是要掌握健康运动的科学方法，为增进自身健康服务。增设学生喜爱的体育休闲项目，提高其参加体育活动的兴趣，激发其锻炼的动力，充分发挥学生的积极性和创造性。

（四）改革体育教学评估体系

教学评估是教学过程的一个重要环节。全面、客观、科学、准确的教学评估体系对于实现课程目标至关重要。它既是教师获取教学反馈信息、改进教学方法、提高教学质量的重要依据，又是学生调整学习策略、改进学习方法、提高学习效率的重要手段，它还是教学管理者调整和制订教学计划、合理安排课时分配的重要参考依据。而传统“一刀切”的考核与评价方法，对考查学生的全面发展程度和各项身体素质的提高都有很大的局限性。单一的成绩评定容易挫伤部分学生的学习积极性，不利于学生形成正确的现代体育意识和健身观。因此，对学生体育成绩的考评应从以下三个方面进行：一是注重学生学习过程的考查。学生学习和练习过程的质量在很大程度上决定了其结果的质量。因此，那种只重视结果而不注重过程的做法是不妥的；二是要重视发展个性的考评，以考促学。学生在身体条件、运动爱好和运动技能等方面的个体差异是客观存在的，应根据这些差异来确定目标和评价方法，并提出相应的教学建议，以确保绝大多数学生都能完成学习目标，使之成为促进学生学习的动力；三是要重视对身体素质达标情况和体育理论知识学习水平等内容的考评。可以加强体育教学评价与考核方法的研究，使之符合素质教育的要求，同时，增强学生的体育意识，促进学生综合体育素质的提高和能力的培养。这种教学评估体系的转变将极大地调动学生学习体育的积极性，全面提高学生的身体素质和运动能力。

（五）提高体育教师队伍的整体素质

首先要从源头抓起，严把教师录用关；其次要加强对教师的培训，通过培训来提高他们的教学水平和教学技巧，使其学会如何激发学生的学习兴趣，如何鼓励学生全身心地投入到学习活动中去，如何适当地纠正学生学习过程中出现的错误等。同时，通过培训使其掌握必要的教学理论和教学技能，使教师从单一的“技术型”向“复合素质型”转变，从而推动素质教育的成功进行。

三、体育教学改革的回顾

（一）教学指导思想与教学目标的探索阶段

1979 年，教育部、国家体委、卫生部、共青团中央联合召开新中国成立以来规模最大的一次全国体育卫生工作经验交流会，颁布了《高等学校体育工作暂行规定》。在“调整、改革、整顿、提高”方针的指引下，高校体育课程改革全面启动。1990 年 2 月，国务院批准发布实施的《学校体育工作条例》规定，“普通高等学校的一、二年级必须开设体育课。普通高等学校对三年级以上学生开设体育选修课”。同年 10 月，国家教委颁发了《大学生体育合格标准》和《大学生体育合格标准实施办法》。1991 年国家教委开展了对全国高校体育课程的评估。1992 年国家教委颁布了《全国普通高等学校体育课程教学指导纲要》，将体育课的教学目标确定为“通过科学的体育教学过程和体育锻炼过程，使学生增强体育意识，具有体育能力，养成体育锻炼的习惯，受到良好的思想教育，成为体魄强健的社会主义事业的建设者和接班人”。

（二）教学内容与教学模式的改革阶段

1995 年 6 月 28 日国务院颁布了《全民健身计划纲要》。同年 8 月 29 日，第八届全国人民代表大会常务委员会第十五次会议通过的《中华人民共和国体育法》第十七条规定：“教育行政部门和学校应当将体育作为学校教育的组成部分，培养德、智、体全面发展的人才。”随即，国家体委又推出了《全民健身 121 工程》，要求学校“保证学生每天参加 1 次健身活动；每年组织学生开展 2 次远足野营活动；学生每年进行 1 次身体检查”。伴随着“121 工程”的推进，各种健身、娱乐体育内容走进学校体育课堂。1999 年 6 月中共中央、国务院颁发了《关于深化教育改革全面推进素质教育的决定》要求“学校教育要树立健康第一的指导思想”。同年 10 月，教育部在江苏无锡召开了全国学校体育卫生工作经验交流会，要求认真落实“学校教育要树立健康第一的指导思想，切实加强体育工作”。随后出现的“俱乐部模式”“运动处方模式”“三自主模式”，开启了教学模式多样化发展的格局。

（三）教学理念与课程目标的创建阶段

2001 年 6 月，国务院颁发的《国务院关于基础教育改革与发展的决定》提出了“加快构建符合素质教育的要求的基础教育课程体系”的任务。2001 年秋季开始，基础教育《体育与健康课程标准》在全国 38 个国家级实验区试行，2002 年秋季实验范围进一步扩大到全国近 500 个县（区）。2002 年 8 月教育部颁布了《全国普通高等学校体育课程教学指导纲要》。新《纲要》秉持以人为本、全面发展的教育理念，规定了由运动参与、运动技能、身体健康、心理健康、社会适应构成的课程目标。2006 年 12 月，教育部、国家体育总局在北京召开了全国学校体育工作会议，颁发了《关于进一步加强学校体育工作，切实提高学生健康素质的意见》。同期，教育部、国家体育总局、共青团中央联合下发了《关于开展全国“亿万学生阳光体育运动”的通知》，力争用 3~5 年的时间，使 85% 以上的学校能全面实施《学生体质健康标准》，85% 以上的学生能做到每天锻炼 1 小时，达到《学生体质健康标准》及格等级以上，掌握至少两项日常锻炼的体育技能，形成良好的体育锻炼习惯，体质健康水平切实得到提高。

四、体育教学改革的现状和趋势研究

为了适应社会对人才需求，几十年来，全国各高校在探讨体育教学目标、体育教学思想的基础上，对体育课程设置、教材内容、教学方法、体育教学的组织、教学的模式、教学的评价等方面进行了全面探索和改革。

（一）体育教学目标呈现多元化

体育教学目标的主要观点包括：①以改善健康状况，增强体质为主要目标；②以学习和掌握体育知识技能为主要目标；③以竞技教育，提高运动水平，为国家培养优秀运动员为主要目标；④以培养学生体育能力为主要目标；⑤以满足学生娱乐心理，享受体育乐趣为主要目标；⑥奠定学生终身体育观念为主要目标；⑦以提高学生的心理素质和体育文化素养为主要目标；⑧以体育锻炼为手段，对学生进行思想品德教育，培养优良品德为主要目标；⑨以身体练习为手段，促进学生身、心发展，达到育人的目标；⑩以学生掌握锻炼身体的方法为主要目标。体育教学的诸多目标都是围绕着育人的总目标，在体育教学过程中，根据教学任务、教学内容、学生的实际和教学条件所提出的具体目标或者是阶段性的目标。要实现育人的总目标，教育者必须科学地选择教学内容，根据现有的教学条件，分阶段、分层次、合理地选用教学方法进行教学。

（二）体育教学指导思想多样化

我国体育教学思想呈现多样化和综合化的特点，其主要观点包括：①全面教育的指导思想；②以体育教育为主的指导思想；③以培养学生运动能力为主的指导思想；④以快乐体育、娱乐体育为主的指导思想；⑤以终身体育为主的指导思想；⑥以竞技体育为主的指导思想；⑦以增强体质为主的指导思想；⑧以技能教学为主的指导思想；⑨以发展学生个性为主的指导思想。以上研究表明，体育教学思想随着社会发展，有越来越“泛化”的趋势，各种体育教学思想之间有着逻辑上的紧密联系，它是围绕着两条相对稳定的主线（体质与运动能力），着眼于身心全面发展的。

（三）课程设置和体育教学内容的选择成为体育教学改革的核心

体育教学改革必须从改革课程设置和科学合理地选择教学内容为切入点。体育教学内容和课程设置的改革，要以高等教育体育教学目标、现代体育发展的需要、学生的兴趣、爱好、场地设施为主要依据，确立以增强体质，促进身心全面发展为主的指导思想。在 20 世纪 80 年代初，随着我国改革开放，许多高校在大学二年级相继开设专项课的设置，1992 年原国家教委颁发《全国高等学校体育教学指导纲要》，正式对普通高等学校体育课程设置作出了规定，即：基础体育课、选项体育课、选修体育课、保健体育课 4 种类型。体育教学也从单一型发展到多种课型并举，较好地克服了传统单一课型忽视受教育者的个性心理特征及主体作用的弊端。目前，体育教学内容和课程设置的模式为一年级以必修课为主，安排了提高身体素质、配以各类基本技术的教材体系，以弥补中学体育教学的不足，完成中学至大学的合理衔接和过渡。二年级开设专项课，学生可选择课程、教师。开设选项课，以满足学生兴趣、爱好和选择的要求。三、四年级开设选修课，以休闲课和娱乐课为主，增加专业性的内容，采用“俱乐部”制。例如，地质院校增加了登山运动、负重行军等内容，商业院校增加了保龄球、台球等内容，形式多样、内容丰富的教材，不仅有健身、娱乐之功效，而且能够使学生适应毕业后的生活与工作。另一方面，又适当地增设体育理论知识课程，让学生明确学习的目的，端正学习态度；了解人体发展和运动生理、卫生知识；掌握各项运动的知识和锻炼身体的方法。但在改革中也存在一些共性问题。例如，教学目标宽泛、模糊，教材的选编、课程的设置存在着较大的随意性；在教学内容的安排上，运动项目主要是解决手段问题，重视方法不够；运动的内容欠全面，重运动，轻养护。

（四）体育教学方法的改革正逐步向“启发学生主动学习”的方向发展

体育教学效果很大程度上取决于教学方法应用的科学与否。目前，体育教学方法的改革十分活跃，如：主体教学、发展式教学、自学式教学、启发式教学、快乐式教学等，从整体改革的思路来看，大都能体现“启发学生主动学习”的思想，这表明“以教师为中心”的传统观念正在转变。但在改革中，许多研究者没有清楚地认识到教学方法两重性的特点，即功能性和局限性。因为教学过程是一个结构复杂、多阶段、多因素的动态过程，教学有法、教无定法、贵在得法。教学必须要针对学生的实际，既要发挥教师的主导作用，又必须尊重学生的主体意识，周全地考虑教学方法运用的针对性、时效性、全面性。

（五）体育教学组织形式呈现多维性

体育教学的组织工作是否严密、合理，直接影响教学效果。有关研究表明，目前，大多数高校采用的是分组不轮换的教学组织形式，分组是根据“三向”交往的理论来进行（教师与学生之间；学生与学生之间；教师与学生、学生与学生之间的交往）。根据这一理论，目前主要有以下几种教学组织形式，一是散点式；二是“小群体”式；三是自然分组式；四是按运动能力分组（搭配式、分级式）；五是俱乐部组织形式。总的来讲，体育教学的组织是多维的，上面叙述的是目前研究比较多的组织形式，各种组织形式都有其各自的特点，它们的共性在于能发挥学生的自主性、积极性，有利于发展学生的个性和创造性。但教学的组织形式受教学条件的制约，还有待于在更大范围内做更缜密的研究。

（六）体育教学模式具有针对性

体育教学模式的研究是当前体育教学论和体育教学改革的重要课题之一。近几年，对体育教学模式的研究日趋活跃，这表明体育教学改革已经开始进入综合研究阶段。目前，中国体育科学学会学校体育专业委员会提出了主体教学模式、成功教学模式、合作竞争教学模式。上面多种教学模式不是孤立存在的，各种不同类型的体育课，因其特性和要完成的任务不同，就需要有多种教学模式去适应。由此看来，教学模式既可以组合，又允许创造，但设计任何教学模式都必须以科学的理论为先导，并通过实验对比才能对它的合理性、可行性和可操作性进行评价。

（七）教学评价的双向性

教学评价是获得反馈信息的重要手段。目前，高校体育教师比较重视教学评价的研究，尤其重视师生的双向评价。通过教师评价学生的学习，使每个学生都能够从教学评价中得到新的目标和新的动机，通过学生评价教师的教学，促进教师科学安排和控制教学程序。但教学评价的研究多数停留在理论研究上，付诸实施的较少。

综上所述，当前体育教学改革表现出以下特征：①教学目标开始朝着“多目标”“多功能”的方向转移，既追求近期效益，更追求远景目标；②教学思想从“生物体育观”逐渐向由生物、心理、社会三方面因素构成的“三维体育观”转变，从而拓宽了它的健身、娱乐、竞技、文化、社会等方面的功能；③课程设置和教材建设已成为体育教学发展的核心动力。近年来，围绕着课程设置、课程类型、课程内容、教学定位、教学大纲、教学模式和教学体系等内容进行了改革，课内外一体化已经形成；④教学方法的改革显得格外活跃，从规律性的思路看，大都能体现“启发学生主动学习”的思想，表明“以教师为中心”的传统体育教学正在逐步转变；⑤体育教学组织形式的改革是根据“三向”交往方式，由表浅向着深层次发展；⑥体育教学模式的研究已经通过许多具有内涵丰富结构的研究模式表现出来，但目前这种教学改革实践滞后的现象却比较普遍；⑦教学评价的研究从身、心两方面效果考虑，采用定性和定量相结合的评价方法，在一定程度上可以适应现实的需要。

第三章 高校体育教学发展的展望

第一节 体育教学目标的统一与协调

体育课的场地、器材等,对体育课程目标、课程设置、课程设计思路以及课程任务都有很大的促进和帮助作用。马克思所说过:“人创造环境,同样环境也创造人。”《列女传·母仪》中记载的“孟母三迁”也说明了环境对塑造人的重要性。教学环境不仅影响着教学过程的组织与安排,并且影响着体育教学系统,而体育教学环境是体育教学系统的必要条件。本节采用文献资料法、分析和综合的方法论述了体育教学环境和体育教学系统的关系,并且阐述了两者如何协调的应用才能达到最好的教学效果。

一、体育教学环境的概念

(一)体育教学的物质环境

无论是学习还是生活都离不开环境。体育教学需要的环境主要是运动的场地和体育器材,否则全面深化教学改革,推进素质教育,加强学院普通体育课程建设,提高体育课的教学质量就成了一句空话。课前准备器材时,要根据课堂的内容,注意因地、因时而异。如田径场红色的跑道、绿色的足球场可提高中枢神经的兴奋性,使学生有一种跃跃欲试的冲动。一排排乒乓球台、一片片羽毛球场,它们的采光、空间、通风都会给练习者积极的影响。上理论课,如课桌椅的款式和新旧实验室以及实验仪器、图书资料、电化教学设备等,这些设备是开展体育教学活动的必备条件,对完成体育教学的任务起着重要的作用。为了方便教学,体育器材保管室应设在离运动场地较近的地方,房间应通风、光线较好、器材按项目分离存放、随时检修器材,确保运动安全。

(二)体育教学的心理环境

上体育课老师往前一站,一副师道尊严的面孔,会给学生很大的压力。他们因为害怕老师而不敢向老师反映,造成很严重的后果。所以,老师上课前要整理好自己的情绪，具备心胸豁达、移情理解和客观性，真诚而不盛气凌人，当教师热情鼓励的时候，学生更有创造性。教师的热情与学生对体育的兴趣与完成运动的密度和强度有着很深的关系。采用多媒体教学，如学习之前将技术动作放慢、定格。看完录像后，组织学生进行讨论，再进行示范，学生练习后再进行讨论，让他们自己想办法克服困难。学生最不愿意跑步，觉得枯燥，采用4人一组，以比赛竞争、团队加入的形式进行，如蛇形跑、变速跑、追逐跑等；投掷的练习可采用单手投、双手投、向前投、往后投、画方格投等；练习力量时，准备几个不同重量的沙袋，根据学生的实际情况使用，采用20米的往返跑等。利用上课的时间进行班级与班级比赛，加强学生的主动性与责任、团队合作、增强积极动机和减少对老师的依赖，培养成熟、独立、自信、自我控制、坚持、忍受挫折等成熟的人格品质。

（三）体育教学活动中的语言环境

只有爱学生，与学生打成一片，才能了解到学生的喜怒忧乐、兴趣爱好、希望要求。注意心理修养，善于控制和表现自己的情绪。无论在课外遇到什么不顺心的事，在走进教室之前，一定要使自己恢复常态，不能把自己恶劣的情绪传染给学生，更不能向学生流露甚至发泄。语言的速度，对于教学效果的好坏有直接的影响，应认真地探索和把握最科学、最合理的教学语言速度。语言是人与人之间传递信息最为主要的方式之一，体育教学中教师与学生之间、学生与学生之间语言的交流十分频繁，语言的交流中包含着丰富的信息，因此，良好运用这一工具对于提高体育教学质量作用十分明显。实践表明良好的课堂语言环境对于体育知识、体育技能的传授十分必要。

二、体育教学系统的概念

体育教学系统，顾名思义，也就是体育教学体系的统一体，体育教学系统是各体育教学要素以一定的结构形式组织起来的，具有各单一体育教学要素所不具备的某种功能的教学统一体，它包括以下几个系统。

（一）体育教学内容系统

《教育部关于印发普通高等学校体育课程教学指导纲要》文件的精神，结合我校人才培养的目标，以教学改革为根据前提，以学生为主体，以健康为主题，以服务专业为方向的新理念，采用以人为本、强化人体练习、突出个性发展。普通高校按照树立“健康第一、终身体育”的学校体育教育思想，通过传授体育知识、运动技能，达到全面增强学生体质，增进身心健康，培养学生良好的意志品质和素养，养成终身体育的锻炼习惯。

（二）体育教学方法系统

从上位层次看，包括模式教学、模拟教学、程序教学。从中间层次看，上课时老师通常先讲解，再向学生提问，同学生一起讨论，是教学中运用语言指导学生学习，达到教学要求的方法，这些都是用语言传递信息的讲解法、问答法和讨论法。老师示范以及帮助学生纠正动作错误是体育教学中通过一定的直观方式，作用于人体感觉器官、引起感知的一种教学方法，即动作示范法。教师为了防止和纠正学生在练习中出现的动作错误所采用的方法即纠正动作错误与帮助法。循环练习法，根据练习任务的需要选定若干练习手段，设置若干个相应的练习站（点），学生按规定顺序、路线和练习要求，逐站（点）依次循环练习的方法。利用场地器材组织学生进行运动竞赛法等组织学生讨论探究教学方法即发现法。各种教学方法的运用具有教育性、发展性、科学性、多样性等特点，这样才能体现整体化思想，达到最佳教学效果。

（三）体育教学负荷系统

生理负荷是指人做练习时所承受的生理负荷。运动负荷包括运动量和运动强度两个方面。在体育课上只有运动负荷保持适宜，才能收到较好的教学效果，运动负荷过小过大都不行。过小，则达不到锻炼的目的；过大，又超出了学生身心所能承受的限度，对学生身心健康和教学任务的完成都十分不利。因此，合理地安排和调节体育课运动负荷是对体育教师教学的一项基本要求，也是评价体育教学和体育活动锻炼效果的一项重要指标。课堂教学中最常用到的运动负荷测量方法除了脉搏测量外，还有询问法和观察法。据瑞典生理学家研究，当询问学生锻炼后的自我感受，学生回答“累极了、很累、有点累、还行、很轻松、非常轻松”时都有不同的心率，而这些心率和回答之间有着极明显的对应关系。这样教师就可以利用学生的回答来判断学生承受运动负荷的情况。采用观察法可以直接简便地知道学生的运动负荷情况，教师可以通过观察学生的脸色、表情、喘气、出汗量、反应速度等表现来判断所承受运动负荷的大小。比如，当学生承受较小负荷时，额头微汗、脸色稍红；承受中等负荷时，脸色绯红、脸部有汗下滴；承受过大的运动负荷时，脸色发白、满头大汗、动作失控等。所以，安排运动负荷时要以学生发展为中心，重视学生的生理和心理感受。在体育课上，可以通过调整练习的次数和组数、练习的强度和时间、器械的坡度和阻力，也可以改变课的组织教法等来对运动负荷进行合理的调节。

（四）体育教学评价系统

学生学习态度的评价，学生行为表现的评价，防止违纪行为的升级和负面作用的扩散，学生掌握知识与技能的评价。坚持主体取向的评价机制开放的教育需要开放的评价、量性评价与质性评价，行为评价与心理评价的有机结合，由重视结果向重视过程转变。

三、体育教学环境和体育教学系统的关系

体育教学中，体育教学环境对学校体育教学系统的影响，既来自于学校内部环境，来又自于学校外部环境；既来自于学校的物质环境，更来自于学校学生和老师的心理环境。而体育教学系统反过来也可以影响体育教学环境，它们之间是相互制约、相互影响的。

四、体育教学环境和体育教学系统的协调统一

在体育教学中，要达到更好的教学效果，完成既定的教学计划，那么体育教学环境和体育教学系统两者之间是缺一不可的，只有两者协调统一才能更好地为体育教学服务。

（一）充分了解当前体育教学环境

教师在体育教学中一直是起引导的作用，主要表现在：了解教学目标、制订课时计划、规划教学设计、优化教学方法等。当然这些都必须建立在了解当前教学环境的基础上，教师不仅要了解当前教学的物质环境，了解学生的当前的学习需求，而不是仅仅停留在课本上，还应该对整个教学环境进行设计。

（二）保持体育教学环境和教学系统的动态平衡

在体育教学中，体育教师既要让体育教学系统适应体育教学环境的变化，也要尽力去改变当前制约体育教学系统发展的环境个因素，使两者在动态上保持平衡，为达成体育教学目标而服务。

第二节 体育教学内容的选择与开发

体育教学课程资源的开发和利用最重要的是教师的课程资源观和课程资源的开发意识，理解什么是课程资源，才有可能开发课程资源。

一、对体育教学课程资源的认识

合理开发与有效利用体育课程资源是体育课程目标达成的必要条件，也是体育课程改革的有力保障。由于地方经济和文化发展的不平衡，只有因地制宜，才能提高体育课程的适应性，才能更有效地发挥体育课堂的本色。

在这里，首先要了解体育教学课程资源的这个概念。所谓“课程资源”，无疑是受教育技术和远程教育的启发而由教学资源和学习资源演变而来，但它在教育技术和远程教育界并不被经常使用，甚至有些陌生。由于课程是教学活动的基本单元，因而一切教学资源或学习资源往往都是以课程资源的形式来呈现的。一般来讲，“课程资源是指形成课程的要素来源以及实施课程的必要而直接的条件”。

二、如何进行体育教学课程资源的开发

首先，开发出来的课程资源要从具体学生群体和个体的身心发展特点等一些特殊情况出发，能为他们所接受和理解，符合他们的身体状况和认知规律，有利于学生的身心体验，有利于达到目标。接着，要做一个价值判断，哪些是学生们迫切需要的、对他们显示发展最有价值的，这些体育资源应该得到及早优先的开发。体育课程资源的开发的几个途径不是截然分开的，在开发的时候需要有机地整合在一起。

（一）从体育师资条件出发

学校具备何种师资，我们的老师具备什么样的素质，他们的特长、专业是否能带动体育课程资源的开发，考虑到这些因素以后，教师们才能游刃有余地进行资源的开发。反之，由于一些学校有限的师资水平和特点，教师没有能力去开发一些学生需求比较强烈，感兴趣的程度也比较高的体育课程资源，它就成为了前进路上的一个瓶颈，在很大程度上制约着对体育课程资源的合理利用。

（二）从学生的现状考虑

体育课程资源的服务对象是学生，所以关注学生的身体发展作为开发体育课程资源的主要目的，主要应着眼于以下两个方面。

（1）学生身体状况的调查。在开发课程资源时，必须对是否能使其接受新开发的体育课程资源进行考虑。不同学生的身体状况水平是不一样的，这不仅关系到开发的广泛性，还影响到开发课程资源的内容选择。

（2）要想使学生积极参与进来，不仅要找到学生有兴趣的课程资源，也要使课程资源适合学生，充分调动学生的积极性。这样的体育课程在某种意义上来说是最适

合学生的。所以，在开发时，我们要从学生的角度来看待周围的一切，要寻找学生的兴趣所在，力求开发出来的体育课程资源是“学生化”的体育课程资源，这样才能使学生完全融入到课程资源中去，不能使课程资源老是一味的“教师化”，这样就失去了教育的意义。

三、体育课程资源开发案例

1.【案例】人力资源的开发——体现团队精神的集体负重跑比赛

活动目的：通过集体负重跑比赛，使学生热爱体育活动，增强体能，培养团队竞争精神。

活动准备：场地的选择、学生负重物的准备、裁判人员的安排、工作人员的安排。

活动过程：参赛以班为单位，按规定时间跑完全程；安排好裁判工作；比赛开始，学生到达终点时，按名次顺序发放名次牌。第一名记 1 分，第二名记 2 分，依次类推。组（班）积分少者名次列前；统计各组（班）比赛名次和积分，排定团体名次；宣布团体名次，颁奖；活动讲评。

建议：体育教师应多开发这类小型的集体活动，使全校的教师（包括校医）都参与到活动中来，充分调动学校的人力资源为体育比赛服务。

2.【案例】民间体育课程的开发

（1）跳绳

跳绳可以分为三类：1. 技巧性跳绳，单脚跳、双脚并跳、换脚跳、反手跳等多种花样动作；2. 游戏性跳绳，以娱乐为主可以边跳边伴唱；3. 快速跳绳。跳绳方式大体分为个人与集体两种，鱼贯顺序跳，多人同跳等都是集体跳绳。

（2）踢毽子

踢毽子有花样技巧比赛，常以肩、背、胸、腹、头与双脚配合，做各种姿势，使毽子经久不落地，缠身绕腿，翻转自如。集体比赛时还附加远吊、近吊、高吊等踢法以表胜负。一般踢毽子都在冬季进行，天气寒冷，活动可以暖身。

（3）跳牛皮筋

跳牛皮筋是项连贯协调，舒展自如，节奏感强的项目。基本动作有点、迈、顶、绕、转、掏等。一般分为三个高度：将牛皮筋举至与肩齐平；两臂自然下垂拉牛皮筋；一臂上举拉牛皮筋。并有单人和集体两种跳法。此游戏以女孩玩耍较多。以细牛皮筋结成绳子，长约三四尺，两人扯绳各一端，随着牛皮筋的上下弹动，一人或数人跳。

（4）抽陀螺

陀螺的种类有木质、竹质、陶质、石质，抽陀螺可进行竞赛，一人不停地抽击，抽到陀螺停止为输，再由另一人继续抽击。这种游戏是用一条绳鞭抽打一个圆锥体玩具，使它在平滑地面上不停旋转。

3.【案例】体育器材的组合开发

(1)校园“保龄球”

校园“保龄球”是由实心球与手榴弹组合成的一项运动，是常用的教学内容，其教学方法比较简单。在一块空地上一端放置手榴弹(或矿泉水)，可以排成许多形状，另一端学生手拿实心球，在教师的指挥下进行练习。

(2)嗒嗒球

将乒乓球与羽毛球有机融合在一起的一项体育运动，简称为嗒嗒球。这项运动不受场地限制，而且适合各种年龄的人群参与。它将乒乓球的推、抽、搓、扣、拉球打法与羽毛球的吊、挑、扣等各种技术结合起来，在网上往返对击，以把球击落在对方场区内为胜。比赛时采用乒乓球记分法，五局三胜制。

建议：应该说嗒嗒球是体育器材组合开发中最成功的案例，其充分地利用了两种体育器材的特性。它一半像乒乓球，一半像羽毛球，嗒嗒球以其携带方便，不受场地限制，运动趣味强，易普及推广的独特魅力，正吸引着越来越多的人加入其中。

体育课程资源多种多样，应重视校外体育课程资源的作用，从实际情况出发，发挥地域优势，强化学校特色，展示教师风格，因时、因地、因人制宜地开发与利用体育课程资源。

第三节　体育教学方法的运用与创新

近些年来，我国政府对于高校教育问题也趋于关注，希望各大高校可以在一定程度上培养出综合实力更强的复合型人才。对于高校体育教学而言，也需要改良教学方法，推动教学实践，不但可以让学生的身体素质有一定程度的提升，更让他们的思维和创新能力也有所促进，让学生养成健康的生活习惯。

一、创新教育理念下体育教育方式运用现存的弊端

(一)学生身体素质大多数较弱

根据国家相关单位针对学生的身体素质调研证明，我国学生从20世纪80年代开始，身体耐力与速度以及器官功能指标逐步下降，身体肥胖与近视的状况逐步增加。尽管近几年我国对于学生身体素质状况的日渐重视，并且采取了对应的措施，学生身体素质取得了较好的改良，然而整体状况依旧令人担忧，也使得我国革新型体

育教育的开展受到了较大程度的影响。

（二）体育教育重视程度不够

由于受到应试教育的影响，对体育课程往往缺乏重视，时常会发生体育课程让步于其他课程的现象，使得创新教育观念下的体育教育方式难以取得实质的运用与贯彻，并且，体育课程在教学模式上也具有一些缺陷。

（三）学生普遍缺少体育活动时间

经过长时间教育习惯的积累，致使大多数家长与老师均形成只注重成绩而轻视其他方面素质培养的思想理念，认为时间不该浪费在上体育课或者是课外活动上，应该专心致志地学习文化课程，从而使学生普遍缺少体育活动时间，学生的身体素质与运动观念较难得到提高，使得大多数学生在体育教学中出现抵制以及缺乏兴趣的状况，这种现象导致创新教育观念下体育教育方式的运用受到了较大的阻碍。

二、创新观念的体育教育实施手段

（一）根据学生不同的兴趣与资质进行不同的教育

体育这门课程对学生将来的发展同样起着重要的作用，高职院校的学生尽管价值观以及人生观都逐渐养成，然而通过合理的指引也还可以出现一些良好的变化，如若可以运用高职院校体育课来针对学生的身心发展实施合理的指引，将会对学生将来的发展起到较大的促进作用。在高职院校体育教育中依据学生不同的兴趣与资质进行不同的教育，能够一定程度上促进学生身心的发展，使其在体育锻炼的过程中增强自身的自信。而在体育教学实践中，每位学生的心理状况以及身体素质都存在着差别，一些学生的体质比较好，并且综合方面都要比其他学生要好，如若让其与其他学生达成相同的课程任务，常常会使其感觉到运动的强度太低，没有较好的锻炼效果。一部分学生的体质比较弱，体育课上的运动强度使其感觉到适应不了，并且在看到其他同学可以成功达成训练目标时，自己却完成不了，其对于体育的热情则会逐渐降低，甚至使得其在体育教学中出现抵制或是缺乏兴趣的状况，从而一定程度上影响到创新教育观念下体育教育方式的运用。

（二）集思广益，相互激励

一般情况下，为使学生的身体素质以及思维能力在体育教学中取得一定程度的增强，老师还可以运用集思广益与相互激励的方式，使学生通过互相协助的方式来互相鼓励，一同完成课程上教师布置的任务。并且，老师也可以制定出一些与体育相关的问题给学生，然后以小组的形式进行探讨与思考，让学生自由的发表自己的看法，在互相协助的情况下解答教师布置的问题。在过往的体育锻炼中，往往是由老师示范相关的动作要点，学生自主进行操练，较少会予以学生发表自身看法的机会，这实质上完全不利于学生创新性思维的提升，但是运用相互激励与集思广益的方式就能够一定程度上促进学生创新能力的发展。

（三）情景教学，提高效率

情景教学方式指的是在体育教学的过程中，先运用恰当的方式把学生引入至相关的情景当中，使其具有一种身临其境的感觉，从而使体育教学更具创新性。而一部分体育老师认为情景创建比较适合低年级学生，对大学生而言，没有具体的可行性，然而实际上，如若可以在高职院校的体育教育过程中应用情景教学方式，也可以起到鼓励学生的效用，使学生对知识可以取得较好的掌握与理解，从而对体育锻炼更具有兴趣与热情。

总而言之，本节主要对创新教育理念下体育教学方法基础理论以及实践进行了研讨。在当前的创新教育理念下，强化对高校体育教学方法理论实践，从当前的学校以及学生实际情况入手，创造出更多的全新的教学方法，只有这样，才可以满足人才培养的需求，培养出更多符合要求的综合型的人才，推动学生的身心实现综合、全面的发展和进步。

第四节　体育教学手段的使用与创新

教学过程中，有效的教学方法不仅能调动学生学习兴趣和练习的积极性，更能提升体育课堂教学有效性，从而来达到高中体育课坚持素质教育和健康第一的指导理念，增强学生身体素质。为了实现这个目标，老师要积极结合学生在生活中比较感兴趣的事物，注重学生的个体差异，运用灵活多变的教学模式来创新体育课堂。下面我们就从创新教学手段的作用意义、策略、实施成效、注意事项等几个方面进行阐述。

一、创新体育教学手段的作用与意义

高中体育课堂教学手段的创新，并不仅仅是为了顺应新课标的要求，更是为了满足学生的需求，对高中生的发展也有积极的作用与意义。创新教学手段可以在很大程度上促进学生的身体素质提升，提高他们的运动技能。在高中的学习过程中，由于学业比较紧张，课程安排比较紧密，大部分的学生在每天的学校生活中，几乎都不离开自己的课桌，这样对学生的身体素质培养来说就是一大隐患。那么在体育课堂上

通过教学手段的创新，就可以吸引学生的注意力，让学生从繁重的学习压力中解放出来，放松身心、振奋精神，通过积极投入，加强锻炼，提升身体素质。

二、创新体育教学策略

（一）运用师生角色互换，突出学生主体地位

传统的体育课堂教学以教师讲授为主，以学生获得运动技能为目标。但是单一固定的课堂教学模式容易使学生疲倦，不利于调动学生学习的积极性，更未能突出学生在学习中的主导地位。德国著名的民主教育家第斯多惠曾说："教育的艺术不在于传授的本领，而在于激励、唤醒和鼓舞。"师生角色互换，教师成为课堂教学的引导者、服务者，学生成为课堂的真正主角，极大地调动起学生参与的积极性和主动性，唤醒学生自我实现的内在愿望，能有效提高课堂教学效率，促进学生综合素质的提升。

角色互换可以安排在课堂教学开展之前，老师根据教学内容，结合班级的实际情况，对学生进行分组。学生在准备的过程中，结合自己的能力水平和兴趣爱好，充分发挥主观能动性，通过多途径，如利用教材、向老师咨询请教、搜集网络资源等，了解掌握教学内容的相关知识点，设计教学方案，然后在实践中展示这一堂课。这一过程可以极大地培养学生发现问题、解决问题的能力。

同样在教学过程中，我们也可以角色反转。老师以"学生"角度提问，例如，在田径教学中，笔者曾向学生提出"推铅球的方式有哪几种"的问题，然后让学生独立思考或小组讨论，最终学生给出了"侧向原地推铅球""上步推球""侧向滑步推球"等不同答案。这样的教学方式，不仅能极大地调动学生参与课堂的积极性，而且培养了学生的创造性思维，体会到探索创新的喜悦。

（二）情境教学，使教学更具目的性

情境教学法是指在真实的情境中，使学生通过切身的运动实践、运动欣赏等体育行为，提高运动能力，加深运动感悟，促进体育价值观形成的教学过程。其主要特点表现在情境的真实性、开放性以及感受的深刻性、持久性。

情境教学法与传统的技能教学不同的是：教师不是从基本的动作教起，而是从项目整体特征入手，然后再进行具体技能学习，最后再回到整体的认识和训练中，突出主要的运动技术，而忽略一些枝节性的运动技术。注重在实践中培养学生对项目的理解，把技术运用在"尝试性比赛"中，引导学生懂得如何学以致用。

比如在球类技战术教学中，让学生进行实战观摩，通过看比赛片段、动态图的演

示、图解的讲解等方式，结合实战向学生演示一些技战术的配合和应对的方法，既培养学生全面观察情况，把握和判断时机以及临场的应变能力，又能使学生最终可以根据所学的技术和战术，判断出“做什么”和选择最佳的行动方案——“如何去做”。

比如篮球技战术教学中的挡拆配合。把NBA比赛中挡拆配合的片段，用慢速播放形式展示，然后学生分组进行比赛，强调比赛时尽量用挡拆配合，少用其他配合，在此过程中老师可以运用视频手段拍摄学生配合的过程。总结过程中进行视频回看并向学生提问，在运用这个技战术中注意的事项，引导学生了解挡拆配合的要求：快速移动、准确卡位、把握时间、正确拆分。老师再示范讲解动作，并在此过程中提出学习的重难点，侧掩护时脚要站稳，不能移动挡拆，挡拆到位后手臂的摆放等，最后再分组进行挡拆练习。这样使得学生学练更有目的性，课堂效果更显著。

（三）使用运动App软件，综合构建体育课堂

随着我国科技的进步、信息化技术的发展，大量的新事物进入到了我们的生活中，为我们的生活带来了便利。在高中的体育教学中，为了提升教学手段的有效性，老师就可以将新鲜事物与实际教学结合起来，利用和体育教学相关的App软件，进行课堂教学。这既符合学生的心理需求，又能促使其把更多的注意力投入到课堂中来，提升参与度，从而实现教学的有效性。同时在兴趣推动力的基础上，能使学生多去练习，做到自我比较评价，将自己的运动技能水平进一步提升。

比如，在进行24式太极拳教学时，老师就可以利用《24式太极拳》App。将学生进行分组，每组配备一个手机或平板电脑，通过App里面的太极拳概要简介，先了解太极拳的特点。再集体观看视频，建立拳术的整体印象和概念。在观看过程中，老师引导学生关注太极拳的特点在视频中的体现——心静体松、圆活连贯、虚实分明、呼吸自然。最后，让学生通过图文讲解、自学动作、小组协同合作初步掌握动作的框架。在此基础上，老师再进行讲解示范教学，学生掌握技能自然就事半功倍。

课后老师还可以布置练习，让学生再次通过App去复习、巩固、提高，在下一次的课堂中以小组形式进行展示，这样使得课堂学习有了延伸，也使得学生技能的掌握和提升会变得更好。当然在教学过程中要引导电子设备的合理使用，仅限课堂内使用，鼓励放假后回家通过软件继续学习、复习提高，自学将要新授的课堂内容。

这样有效合理地使用App软件，既促进了教学手段的创新，又构建了良好的教学氛围。

（四）利用积分制管理，科学评价学生表现

（1）设置"积分"：教师在设计教学目标和内容时，将一个技能模块设定为一个单元，根据技能难易程度，结合学生的运动能力水平，设定为掌握、基本掌握、未掌握三个等级，分别以3、2、1进行量分。

（2）得分原则：形成牢固动力定型，做动作熟练、省力、自如，即为掌握；技术动作有改进，动作规范，基本上建立动作定型，即为基本掌握；动作吃力、不协调，动作间有干扰现象，并伴随着一些多余动作，肌肉紧张，即为未掌握。

（3）运作方式：模块教学结束，安排课堂内测评。可以根据运动项目和内容的不同，运用多种方式。如武术项目、五步拳，可以东南西北四个角背向而立，独自演练，老师和学生互评结合；田径项目，蹲踞式起跑技术，分组沿跑道线模拟起跑，从器械调整、重心控制、起跑的步伐等方面考评。

（4）积分统计：老师记录测评课同学的得分，按比例折算计入期末总分。

（5）激励办法：每个模块测评结束，采取老师和学生互评相结合的方式，评出"模块之星"，学期评选"课堂优秀之星"进行表彰，学生所有积分结果将作为评优评先的重要参考依据。

积分制管理的实施，使学生更加有学习的动力，积极性和主动性得以提高，有利于激发学生之间的竞争意识，完善了教学中的评价体系，为提高创新教学手段的有效性奠定了基础。

三、创新体育教学手段的注意事项

（一）与教学实际要紧密结合

创新的教学手段要符合学校实际，与学校的资源配置和学生实际的运动能力水平相符合。如教学手段与学校现有的教学资源相脱节，就会在教学的实施过程中，教学工作无法顺利开展和创新；教学手段的教学难度与学生现有的运动水平能力不符，就会导致学生空有体育理论知识，但实际运动技能的掌握和提高并不理想。

（二）教学手段与学校规章制度要协调

为了激发学生学习体育的兴趣，有些老师倡导运用一些体育项目教学的手机软件，这固然可以提高学生进行学习锻炼的兴趣，但也增加了学生对手机的需求。这一现状的出现，就与许多学校的规章制度相违背，教学过程中要合理地处理好这两者之间的矛盾，保障学校教学秩序的正常进行。

（三）创新教学过程中要紧扣主题

不同地区的高中学校教学水平参差不齐，对体育学科认识也不充分，创新教学手段就有可能因为这些因素，导致教学偏离主题。比如：学校倡导老师要学会放手，让学生通过多媒体课件自主学习，有一部分老师就会完全让学生观看体育视频，自己在课堂上完全不参与，过分强调学生的自主性，忽视老师应该承担的指导责任，这就是偏离主题的表现，不利于学生的健康发展和课堂的有效性实现。

（1）注意师生安全

创新体育教学手段、丰富体育课堂内容，对课堂的安全性也提出了更高的要求。教师要考虑学生的个体差异，设计科学合理、难易程度得当的教学内容和教学过程，要加强安全教育，落实课堂常规，对学生练习中的错误动作要及时纠正，场地、器材安排布置落实要到位。

（2）注重教学质量

在教学过程中，教学质量永远是学校以及老师所关注的重点。那么在创新体育教学的过程中，为了保障教学质量，学校就可以采取调查问卷和对比观察的方法。通过调查问卷形式了解学生对教学手段创新的喜好、欢迎程度；通过对比观察的方法，对使用创新与传统教学手段的班级进行比较，从学生课堂的参与度、技能掌握度、身体素质提高等方面入手，再结合每年的体质健康数据测试的机会，进行综合对比，用数据来体现。

综上所述，创新体育教学手段是提高体育课堂的有效手段，同时保障创新体育教学手段的有效性也是学校需要努力的方向，只有保障了教学手段的有效性，才可以确保课堂的有效性。这样不仅有利于激发学生的学习兴趣，让学生自主投入到体育运动的学习、锻炼中来，更能培养学生终身体育锻炼意识和习惯，为促进我国的体育事业发展起到一定的推动作用。

第五节　体育教学模式的多元化发展

一直以来，高校体育是我国整个教育体系中非常重要的一个组成部分，它是连接学校教育与社会教育的重要枢纽部分。目前越来越多的人已经开始认识到终身体育思想的重要性，并对其致以高度的认同，随着终身体育思想的普及发展，如今，终身体育思想已经渐渐成为现代人们社会生活的理想追求。终身体育思想也在学校体育中得到了充分的重视与运用，而高校体育作为学校体育教育的最后阶段，是培养学生终身体育思想与习惯的重要平台，同时也为学生将来走向社会，并在社会生活中培养终身体育习惯与行为打下坚实的基础。高校体育教学模式是高校体育教学的基本结构，其中凝聚了高校体育教学理论核心，是一个具有操作性与实践性的体育教学框架。在当前高校体育教学改革的过程中，对多元化体育教学模式的构建，不仅有利于培养大学生健康的身心素质和终身锻炼的体育思想，从而实现大学生身心素质的全面发展，同时也符合当今时代对于综合素质全面发展人才的需求。

一、高校体育教育中多元化教学模式的重要作用

在当前的高校体育教学过程中，通过对多元化、富有成效的新型体育教学模式的运用，充分体现学生在教学过程中的主体性，鼓励并引导大学生积极参与到体育教学过程中，增加学生参与体育活动的主动性，从而提高学生的参与度，使得学生在彼此之间的互动与交流中学习体育理论并提升体育技能，有利于培养学生的实践能力和团队协作能力，激发学生对于体育课程学习的兴趣与热情，从而增强学生的体育学习效果，最终实现体育教学目标。在高校体育教学过程中，在实施多元化体育教学模式时，要充分挖掘并利用已有的体育教学资源，对体育教学模式进行适当的改革与创新，增强体育教学模式的新颖性、多样性与有效性，并积极引入符合学生身心发育特征、受大多数学生欢迎的体育活动形式，在保证体育教学模式科学性与实用性的基础上，进一步丰富高校体育教学模式，从而促进高校体育教育事业的高水平发展。高校体育教师在体育教学过程中，开展多元化教学模式的时候，还应该充分了解并掌握当地学生的具体实际情况，探索出科学合理且具有特色的体育教育形式，以更进一步地丰富整个体育教育体系，对体育教育相关资源进行充分挖掘与有效整合，还可以在整个教学过程中，适当融入一些具有趣味性的元素，以实现体育教学过程的趣味化与特色化，最终促进高校体育教学有效性的提升。

二、体育教学模式多元化的必要性与可行性

（一）体育教学模式多元化的必要性

多元化已经成为当今社会多种领域发展的普遍追求。在学术领域中，多元化发展为学术理论的生存与发展提供了比较广泛的空间。在如今的社会中，传统的绝对主义思想已经渐渐被多元化发展思想所取代，渐渐失去了其存在的意义。在当今信息时代背景下，多元化发展思想渐渐推动着现代教学模式的合理化与科学化发展。所以，在新时期，对高校体育教育而言，非常有必要顺应时代发展的需要，自觉改变过去传统单一的体育教学模式，积极改革并创新体育教学模式，并结合本校发展实

际，充分挖掘、利用、整合当地教育资源，探索出多种符合实际的新型体育教学模式，进一步丰富体育教育体系，以实现体育教学模式的多元化发展，从而促进高校体育教育整体水平的有效提升，这是当前高校体育教育过程中非常重大的举措。

（二）高校体育教学模式多元化的可行性

1. 课程行政主体的多元化

我国于2001年7月颁布了《体育与健康课程标准》，该标准中提出要对课程管理的权力进行下放，与此同时，还提出了三级课程管理体制，具体地说，就是建立国家、地方与学校共同管理的课程体制。对于学校而言，将有更多的自由与权力来管理体育教学内容与教学方式等。我国所制定的新课程标准与传统的教学大纲具有比较明显的差异，主要表现为，只是制定了教学目标，而对具体的教学内容没有进行详细且硬性的规定。该课程标准还将体育教学目标进行了适当的划分，分成了五个领域和六个水平。但是，对详细的评价方法与可行性的评价方案没有进行具体明确的规定，而是交给高校和体育教师来自行设定。总之，该体育课程标准的实施，为高校体育教学模式的多元化发展提供了良好的政策环境。

2. 对传统体育课教学模式的反思

在传统体育教学中，主要教学目的在于提高学生的体能素质，并向学生传授运动技术，在传统的课堂教学中，主要运用的是教师讲解示范—分解练习—完整练习—熟练巩固的教学模式，在该模式下，主要是以学生的运动技能形成规律为基础的。尽管这种传统的体育教学模式有利于增强学生的身体素质，有利于提高学生的运动技能，但是缺乏一定的针对性，不利于学生综合素质的全面发展。该模式没有充分尊重学生的个体差异性，没有充分考虑不同学生的实际情况，这种单调传统、缺乏针对性的体育教学模式，导致很多对体育运动感兴趣的学生对体育课失去了兴趣。由此可见，这种传统单一的体育教学模式不利于学生体育素质与综合能力的全面发展。基于这样的情况，作为高校体育教学工作者，应该积极创新、勇于探索，自觉培养自己的创新意识与探索精神，并根据时代发展需要，结合现代体育教学理念，构建出多元化的新型体育教学模式，从而培养出符合时代发展需求的复合型人才。

三、新时期高校体育教学模式多元化发展的策略

（一）加深对体育教学模式多元化的认知

在当今这个信息时代背景下，各大高校应该积极转变自己的体育教学理念，积极学习并引入先进的教学理念。在传统的体育教学评价中，教师只是将学生的成绩作

为评价学生体育能力的唯一标准，这种评价方式缺乏一定的科学性与全面性，难以对学生进行客观公正的评价，因此，在新时期，高校体育教师在注重学生体育能力的评价时，还应该注重学生身体素质、心理素质等多方面的评价。同时，在体育教学过程中，高校与体育教师应该重新审视信息化教学的重要价值，充分认识体育教学的重要性，适当提高体育教学的地位，实现其学科地位的提升。要想做到这一点，就需要高校体育教学工作的管理者充分认识到体育教学模式多元化发展的重要性。只有如此，才能使得高校体育教学工作者积极转变过去传统的教学理念，在体育教学实践过程中，能够自觉运用现代信息技术。

（二）创新高校体育教学模式

在信息时代背景下，高校应该以新型的、先进的体育教学理念为思想指导，积极探索出新的体育教学模式，高校体育教师，是整个教学过程的重要主体，是整个教学活动的引导者与组织者，在整个教学过程中发挥着非常重要的作用。因此，体育教师在实际的教学过程中，应该充分尊重学生的主体性，通过在教学过程中适当融入一些趣味性元素，以激发、调动学生自觉学习体育课程的积极性与主动性，鼓励并引导学生主动探索体育学习中的奥秘，以培养学生的自主学习能力和实践能力。与此同时，体育教师还可以根据教学大纲的要求，积极开展具有趣味性的体育教学活动，例如，体育教师可以通过分组教学法与比赛教学法相结合的方式，让学生通过自由组合与比赛活动的形式，主动参与到体育项目技术的学习中，从而激发学生的学习兴趣与热情，最终实现体育教学效果的提升。

（三）提高高校教师的技术水平

在互联网时代背景下，信息技术已然成为推动教学发展的重要手段，而在信息环境下，高校应该加大对体育教学专业技能的训练。比如说，对计算机相关知识的培训，要求教师必须要掌握相应软件的使用方法，同时还要学会动画等教学视频的制作。将教师的信息技术能力作为教学考核的重要标准，只有这样，体育教师才能够以提升自身的专业水平为根本，不断加强对信息技术的学习，定期与优秀的体育教师进行技术交流，实现共同进步。

（四）加强高校体育教学、科研经费投入

高校体育场地、器材不仅是教师选择教学内容的重要依据之一，同时也是限制大学生参加体育活动的重要因素。高校体育教师在进行教学研究的过程中，遇到最大的问题就是经费投入不够，这在一定程度上降低了他们从事科研工作的积极性。加

强学校体育教学、科研经费的投入，不仅可以激发教师进行教学改革的动机，也是教改研究能够得以顺利进行的财力、物力保障，还可以激发学生参加体育运动的兴趣与热情。

（五）重视学生在教学过程中的主体地位

素质教育要求把学生作为学习的主体，强调参与、合作、尊重差异和体验成功。教师在选择体育教学模式时，应注重与学生之间的积极互动，共同发展。研究学生的身心特点，因人而异、因材施教，满足不同学生的学习需要。创设能引导学生主动参与的教学环境，激发学生学习的积极性。努力发展学生的聪明才智和个性特点，养成自觉锻炼身体的习惯，使“主动”成为体育教学的核心，引导学生自己去掌握知识、技能，学会锻炼身体的方法，实现由“学会”到“会学”的转变，增强学生的学习能力，并使之可持续发展。

（六）运用模式，超越模式

在强调模式方法重要性的同时，还应充分认识到模式方法的局限性。其一，模式是在系统分析的基础上抽象和简化而成的，模式一旦构建完成，即具有相对的稳定性。在一定条件下，模式的稳定性会和不断发生改变的系统产生一定的抵触。此时，模式就不具备先进的导向性了；其二，构建模式的目的在于在相同条件的区域进行推广，但是，一旦无限扩大模式推广的领域和范围，就会使其与客观实际相脱离，因为此模式是不断发展的，模式的推广也是有条件的。适用一切目的和一切分析层次的模式无疑是不存在的，重要的是根据自己的目的去选择正确的模式，并对多种模式进行综合运用。

综上所述，对高校体育教学模式多元化的探析，旨在改变当前高校传统的教学理念，以信息技术为依托，实现体育教学模式的创新。同时，定期开展座谈会，提高教师自身的专业技术，创新教学的内容，从而更好地提高教学的质量。

第六节　体育教学的有效性与正当性

一、体育教学的有效性

我们国家长期的“应试教育”模式，导致许多学生苦于文化课的学业压力。中学阶段在学生学习生涯中所占比重很高，尤其是高中阶段，学生所要面临的高考让学校把学科的重点教学放在了文化课上，体育课容易被学校忽视，这对于学校的教育工作是不利的。体育课本就在学校课程设置中的所占比重较低，在这样被忽视的情况下，如何提升体育教学的有效性，让学生在稀少的体育课中提高身体素质，帮助他们缓解课业压力，同时也能激发学生对于体育运动的热爱，这是作为一名体育老师所要探究的问题。

（一）教学定位准确，更新教学观念

在中学教育阶段，家长、老师都把大部分注意力放在学生文化课程的训练上，我们承认文化课程对学生最后成绩的核心影响，但是不能因此而忽略体育教学的重要性。教师对体育课程的重要性定位应该是明确的，体育课程的设置应该能够体现出学生的自主性、主动性和创造性。不管别人怎样看待体育课程的价值，作为体育老师，应该明确体育的定位是和其他四育并存，对学生的成长是必不可少的，所以对于那些占用体育课程的现象，应该说不；其次，教师自身也需要去接纳新的教学理念，在观念的调整更新中改进课程教学。教师应该认识到体育教学对于学生提升身体素质的重要性，在体育教学过程中，教师面向的不是个别学生，而是整个班集体，群体性的教学难度更需要考虑的全面。根据不同的年级学生的课业压力，教师要调整课堂教学的体能训练要求。教师要转变旧观念，根据学生的身体素质实况安排教学内容。体育课是开放性的活动课程，但不代表学生就是纯自由活动，教师应该保证每节课都提供给学生一些有科学依据的体能训练，有效的体育教学需要教师有意识地去变换教学方式，寻求自己所代表的体能训练要求和学生所代表的运动需求之间的平衡点。在课程实施过程中的实践安排固然很重要，但在此之前，教师有意识地去规划课程安排，去接纳体育教学中的新鲜观念也很重要。

（二）注重课程训练的科学性

任何一门课程的任课教师都需要专业性的知识作为提升教学有效性的依据，体育老师也不例外。体育课程和文化课程的不同就在于它的灵活性更高，体育课程很难像文化课程那样去做详细安排，这就给教学活动带来一定难度。学生离开教室可以有难得缓解压力的时机，但并不意味着体育老师就完全给学生自由安排，怎样把控好学生放松的度以及让学生完成一定量的体育训练，这就体现出教师的智慧了。

教师除了对于体育知识要有系统性的掌握，还要使专业知识结合学生兴趣，科学合理地呈现在教学过程中。例如，在正式运动之前，做好准备活动，在选取教学内容时能够考虑到大部分学生的需求。传统的体育课程设置都是以教师传授为主，现在我们不妨尝试做出一些改变，在进行实践运动之前向学生传授一些体育知识，通过

讲解帮助学生即将要学习的体育课程内容有了一定了解，然后可以征询学生兴趣意愿开展体育安排。当然，开展任何一项体育运动之前，教师要对整节课程的安排有科学规划，本节课程要让学生达到什么程度的体能素质，为了实现这一目标又应该从哪些准备活动做起，中间有需要增加哪些额外的体能训练。体育课的开放性、运动性就决定这门学科在教学中对思维训练和肢体训练都有要求，需要教师科学安排课程内容，打破机械式的体育训练，增加课程趣味性，真正让学生在活动参与中体验到体育运动的魅力，只有学生有参与体育运动的渴望，才能激发学生的积极性，从而努力配合教师的课程教学，提升体育教学的有效性。

（三）充分利用教具，有效利用丰富的教学资源

传统体育课程的教学方式就是让学生通过跑、跳等训练机能的发展。而随着时代的进步，在各种运动器材的辅助之下，体育课程给学生带来真正意义上的运动体验，也为学生提供更加富有真实感的课程教学体验。而且，随着信息化时代的到来，教师可以采用数据汇集的方式，利用丰富的教学资源，帮助学生进行体能素质记录。不定期为学生记录体质测量数据，提高学生对身体素质的关注度，这对提升学生的课程积极性、专注度是有积极影响的，也可以帮助教师实现体育教学的有效性。

学校体育工作要始终以学生为主，教师不仅要重视学生的文化课成绩，也要看到体育运动对学生的必要性，有目的、有计划地规划教学内容。体育老师应该充分利用教学时间，真正发挥体育课的效用，让学生在体育活动中既能得到放松，同时也会为文化课的学习塑造良好的身体状态。

二、体育教学的正当性

课堂教学不仅应当是有效的，而且应该是道德的或正义的，这是肯尼斯·斯特赖克所提出的有关有效教学的正当性问题。有时候在追求效率、效益、效能的基础上，会忽略对体育教学正当性重视，往往看重的是成绩、荣誉。人们不会反过来问：“有效的教学是否就一定是正当的教学？”在教学中，教师往往重视那些成绩比较好的学生，对那些成绩差的学生或身体有一定缺陷的学生是不予关注的。从整体上看，这样的教学可能会提高效率，但它是正当的吗？在体育教学过程中，教师为了让学生达到预期的结果，以损害学生的身心健康方式，有效地获取了成绩，这样的教学是否就一定是正当的？

（一）正当教学的内涵

正当教学主要是指教学者的教学行为和教学实践应符合人类最基本道德的一

种属性。从内容上来看，包括五个方面：①正当的教学应当是符合法律要求的，不合法何谈正当。教师在教学过程中应当尊重每位学生受教育的权利；②正当的教学应该是平等的，教师要做到一视同仁，平等待人；③正当的教学要以学生为中心，要尊重学生，在教学中体现学生的主体性；④正当的教学应该是符合道德的要求，如诚实守信，公平正义等，教师在教学过程中要促进学生的道德理念，培养学生成为有德之人；⑤正当的教学应该发挥教师的带头作用，做到宽严有度、松紧有法，才能保障教师的正当性。

（二）体育教学中正当教学的主要原因

1. 一味地提高教学的有效性，而忽略了对正当性的重视

教学正当性是教学有效性的前提，教学有效性是教学正当性的核心，两者相辅相成，缺一不可。有些教师一味地按照学校过旧的制度去要求学生，被迫学生去做自己不愿意做的事，最后的结果会造成学生破罐子破摔，甚至会伤害学生的身心健康等。比如就《青少年健康体质标准》来说，有关教育部门重视学生的体质是否达到国家所要求的标准，各校必须准确地统计相关的数据，而多数学校为了应付，随意伪造，尤其是农村学校，忽略了教学的正当性。

2. 一味地只按预设的结果来教学

教师在安排课时，预期学生在这堂课中所要达到什么目标，早已心中有数。比如教师在课前备课和准备等这一系列的工作在教学中是不可替代的，但这只是一小部分，它展现出了一种“生成性”，而它的生成性在于预设只是一种构思和可能，在体育教学实践过程中是无法预设的，有可能会出现，有可能不会出现。因为课堂是活的，而不是定性成那样就是那样的。教学的有效性过于注重预设性，而忽略了在教学过程中发生的意想不到的情景，教学观念机械、僵化。

3. 一味地以教师为主要角色

教学活动是教师的教和学生的学双边活动。常常提倡“以学生为中心、学生是主体”等话题。从目前教学来看，当运用到实践中去，两者之间的关系还是含糊不清，没有体现出学生的主体性。教师在讲解时，剥夺了学生的发言权利，使学生渐渐失去了发言的意识，像这样的教学能体现学生的主体性吗？在体育教学实践中，教师与学生之间，学生与学生之间有语言直接交流的同时，也会有肢体的直接交流，这样特殊的交流会导致教学过程中的不可预测性，因此要注重教学的正当性。

三、体育正当教学应采取的措施

（一）保证每一位学生有参与体育活动的权利

体育课程是一门必修课程，每一位学生都具有上体育课的权利。体育教师的职责不是禁止学生上体育课，而是鼓励学生踊跃参与体育活动。体育教师应做到：用自己的智慧和良好的教法去吸引学生，对于那些不愿意参与体育活动的学生，教师要积极地做思想工作，多去跟学生沟通。

（二）体育教学的正当性要做到区别对待

“区别对待”教学原则在体育教学中尤为重要。因为在同一年级、同一层次的学生在智力方面可能差别不太大，而在身体素质和运动技术方面，他们存在着很大的差距，因此，会造成学习运动技术快慢的问题。为了提高教学的有效性，有些教师对那些学习较快的学生相当重视，而忽略了学习较慢的学生或身体有缺陷的学生，这样的教学是不正当的。要根据学生的身体素质和运动技术的能力、兴趣爱好，合理地分组，教师在有效性教学中要确保教学的正当性。

（三）确保以学生为中心的主体地位

在体育教学实践过程中，学生也有自己的观点和主见，教师不要把学生当成是实现某种外在目的的手段。如一些体育老师片面地认为体育课以学生为中心，而自己觉得讲解、示范、传授越少越好，把大量的时间留着学生练习，教师却成了闲人，学生迷迷糊糊地就上完了一堂体育课。应该让学生不是消极、被动地接受教育，而是让他们主动、刻苦、有创造性地去学习。不是说以学生为中心，教师就没有意义了，而要把两者结合起来，把握好课的尺度，才能使教学达到有效的发展。

第四章　高校体育教学训练方法路径

第一节　力量素质和速度素质训练

一、力量素质训练

多数体育生都是在高二才开始加入体育训练的队伍中来，由于没有长期系统的专业训练，想要在短期内迅速提高运动能力进而取得优秀的体育高考成绩极易在训练过程中走入误区，进而造成运动成绩起伏不定、停滞不前的现象。体育高考主要分为身体素质和球类两大考核部分，力量素质作为身体素质的重要组成成部分，将直接影响体育高考的总成绩。因此，如何在力量素质的训练过程中避免误区，争取训练效果的最大化显得尤为重要。本节将从以下几点对力量训练的注意事项进行阐述。

（一）力量素质的发展既要全面也要突出重点

机体作为一个有机的联系整体，不能单独靠某一部分的肌肉发力来完成动作，针对相对复杂技术动作，需要全身不同肌肉群的整体配合工作才能完成。通过世界男子百米大战可以看出，优秀运动员均重视全身肌肉力量的协调发展，而不是单纯强调下肢或局部力量素质的发展。因此，在发展力量素质的过程中，在发展下肢力量素质的同时也应该加强上肢和胸、腰、背和臀等部位大肌肉群的锻炼，同时也要注重发展核心部位的深层次肌群和其他薄弱小肌群力量。

（二）做好充足的准备活动，训练结束后要及时放松肌肉

在正式参加比赛或训练前一定要做好各项准备活动。通过准备活动可以提高中枢神经系统的兴奋水平，增强机体对大负荷强度刺激的感觉；增强氧运输系统的机能，从而提高工作机群的代谢水平；此外，还可以使体温提高，降低肌肉的黏滞性，增加弹性，让肌肉发挥最大的收缩的力量，同时还能有效地预防肌肉损伤。力量训练结束后，由于乳酸的堆积使得肌肉常常会出现充血肿胀的现象。因此，在力量训练结束后要及时采取各种活动性手段、整理活动，保证良好的睡眠、合理的营养补充，以及采取按摩理疗等方式，使肌肉充分放松。

（三）注集中注意力，加强安全保护意识

肌肉活动总是在中枢神经系统的调节下进行的，力量练习时要集中注意力，充分靠目标肌群有效发力完成动作练习，真正做到使意念活动与练习动作紧密保持一致，练哪里靠哪里发力。这样不仅可以使肌肉力量得到更好的发展，还能降低在大负荷练习时的受伤概率。另外，为了加强在力量练习的安全性，还应加强学生的自我保护和互相保护意识，在大负荷重量练习时严禁单独训练，在临近力竭时，更应该注意加强同伴之间保护，预防安全事故的发生。

（四）与专项动作相结合，保证技术动作的规范性

不同的专项动作有不同的技术结构，要求参加工作的肌肉群力量也不同。如投掷类项目要求学生竭尽全力使器械获得最大的加速力量。因此，在力量训练的过程中要根据专项技术的动作结构来选择恰当的练习方法，从而更好地获得发展有关肌群力量的效果。在实际力量练习时，必须按照相关动作的技术规格要求严格进行，否则由于身体姿势的不正确，而导致技术动作变形，不仅会影响目标肌群的训练效果，还会增加运动损伤发生的概率。例如，在进行杠铃深蹲练习时需要双眼平视前方，始终保持收腹、挺胸、腰背部挺直；靠大腿、核心部位肌群协同发力。针对大负荷训练要系好腰带；严防弓背的出现。为了进一步加强安全保护，可以在杠铃两侧安排两名保护人员以防腰部损伤。

（五）要掌握正确的呼吸方法

憋气有利于固定胸廓，提高核心肌群的紧张程度，通过有效的憋气可以提高人体在极限状态下完成动作的最大力量。有学者研究发现，人在憋气状态时背力最大为133 公斤，在呼气时为 129 公斤，而在吸气时只有 127 公斤。尽管如此，也因该注意到过度用力憋气会引起胸廓内压力的提高，使动脉的血液循环受阻，而导致脑贫血，甚至产生休克现象。因此为避免憋气产生不良后果，当短时间内完成最大用力时，应尽量避免憋气，尤其在负荷不大的重复练习时，更不要憋气。针对初始训练者，应尽量减少极限用力的练习。引导其在练习过程中学会正确呼吸；此外尽量减少在完成力量练习前做最深的吸气，因为过度深吸气会增加胸廓内的压力从而导致练习效果不佳。

（六）要制订系统的训练计划

根据用进废退的原理，力量素质训练应全年系统安排，不能无故中断。相关研究证明，力量增长得快，在停止训练后消退得也快。但是，发展力量素质练习不宜在疲

劳的状态下进行，因为这种状态下的练习主要发展的是肌耐力而不是肌力量，同时可能还存在潜在的安全隐患，至于训练效果更是大打折扣。

力量素质训练应该依据不同人群、不同项目以及训练任务的不同而区别对待，负荷的安排应具有明显的周期性、波浪式特点。力量训练课的次数应根据训练课所处的阶段和周期、需要达到的具体目标、训练者的年龄、性别、身体状况，特别是现阶段的训练水平等作出具体安排调整。需要注意的是在体育高考前半个月内，应尽量少对大肌肉群采用极限负荷的练习。在每次训练中，先安排发展最大力量、速度力量，最后安排力量耐力的练习。

在进行发展力量素质的训练课中应使各全身肌肉群得到充分锻炼。一般按照从下肢肌肉群到核心肌肉群再到上肢和肩带肌肉群的顺序进行练习。根据专项训练动作应先安排复合动作使主要的大肌群得到锻炼，然后再安排孤立动作使局部肌群得到充分锻炼。

力量性训练作为身体素质的重要组成部分，对体育高考总成绩发挥起着重要的作用。教练员应该高度重视力量素质的训练，掌握有效的训练方法，确保学生在有限的时间内不断提高训练水平，为体育高考做好充分的准备。

二、速度素质训练

速度素质是指人体快速运动的能力，包括人体快速完成动作的能力和对外界信号刺激快速反应的能力，以及快速位移的能力。现代学生身体速度素质和十年前相比明显不足，学校体育教师、教练员可结合实际提高以下几个方面认识，加强对学生速度素质的培养，全面提高学生的速度素质从而带动学校体育活动的开展。

（一）速度素质包括反应速度、动作速度和移动速度

反应速度是指人体对各种信号刺激快速应答的能力。动作速度是指人体或人体某一部分快速完成某一个动作的能力。移动速度是指人体在特定方向上位移的速度，以单位时间内机体移动的距离为评定指标。一位具有良好移动素质的运动员，不一定也具有良好的反应速度。

（二）各项速度素质的训练应明确的问题

1. 反应速度训练应明确的问题

首先，反应速度由神经反射通路的传导速度所决定，基本属于纯生理过程，不受其他因素的影响。纯生理过程的提高是相当困难的，很大程度上取决于遗传因素，通过训练可使学生运动员潜在的反应速度能力表现出来并稳定下来。其次，在训练中

学生运动员注意力集中与不集中大不一样，运动员注意力集中，可使神经系统处于适宜的兴奋状态，使肌肉处于紧张待发状态，此时，肌肉的反应速度比处于松弛状态时可提高60%左右。这种状态有时间限制，一般持续时间为1.5秒左右，最多8秒。因此，短跑运动员在预备起跑时，要紧紧的压住起跑器，把思想集中于准备迅速迈出第一步。最后，反应速度的提高在很大程度上取决于运动员对信号应答反应的动作熟练程度，在进行反应速度的训练时，还要经常改变刺激因素的强度和信号发出的时间。

2. 动作速度训练应明确的问题

提高应与掌握和保持正确的技术动作紧密地结合在一起。专门性的动作速度训练与专项比赛动作要求相一致。在使用反复做某一个规定动作为手段发展动作速度时，应合理地变换练习的速度。练习的持续时间一般不宜过长，动作速度的训练强度较大，运动员的兴奋性要求高，一般不应超过20秒。练习与练习之间的间歇是由练习的强度所决定的，练习强度大，需要的间歇时间就应长些。但也不要忘记，间歇时间过长导致兴奋性下降，不利于用剩余兴奋去完成后面的练习，如持续时间5秒、强度达到95%以上的练习，间歇时间以30~90秒为宜。

3. 移动速度训练应明确的问题

首先，测定移动素质的手段常用短距离跑，距离不要过长，可用30~60米的距离，最好不从起跑计时，而测定其全速跑通过某段距离的能力，在运动员不疲劳、神经兴奋性高的状态下测验，可测定2~3次，取最佳成绩。其次，最大步频和快速跑中的支撑时间对运动员的快速移动能力有着重要影响，优秀运动员单脚撑地时间为0.08~0.13秒，普通人为0.14~0.15秒。最后，提高移动速度有两个基本途径：一是力量训练，使运动员力量增长，进而提高速度，另一个是反复进行专项练习。无论通过哪个途径提高移动速度，训练中都必须重视确定适宜的训练负荷。第四，在训练实践中运动员力量得到提高，并不意味着移动速度马上可以提高，也有时当力量训练负荷减小以后，才有提高，这种现象叫“延迟性转化”。

三、提高各项速度素质的常用手段

（一）反应速度训练常用的手段

信号刺激法，利用突然发出的信号提高其对简单信号的反应能力。运动感觉法，需要经过三阶段。一是让运动员快速地对某一信号做出应答反应，然后教练员把时间结果告知；二是先让运动员估计时间，通过测定进行比较，提高运动员对时间的准确感觉；三是要求运动员按事先所规定的时间去完成练习，这样可以提高对时间的判断能力，促进反应速度的提高。选择性练习，具体的做法是，随着各信号复杂程度的变化，让运动员做出相反的应答动作。

（二）提高动作速度常用的方法手段

利用外界助力控制运动员的动作速度，在使用时必须掌握好助力的时机及用力的大小，同时还应让运动员很好地感觉助力的时间及大小，以便使他们能独立、及早地达到动作速度的要求。减少外界自然条件的阻力，如顺风跑等。利用动作加速或利用器械重量变化而获得的后效作用发展动作速度。借助信号刺激提高动作速度。缩小完成练习的空间和时间界限，如球类利用小场地练习。

（三）提高移动速度常用的手段

首先，发展最高移动速度每次练习的持续时间不能过长，应以使每次练习均以高能磷酸原代谢为主要供能途径，一般地讲，应保持在20秒以内，多采用85%～95%负荷强度，练习的重复次数不应过多，以免训练强度下降。确定间歇时间的长短，应能使运动员机体得到相对充分的恢复，以保证下一次练习的进行。休息时，可采用放松慢跑，做伸展练习。其次，是各种爆发力的练习和高频率的专门性练习，如田径短跑做高抬腿跑、小步跑、后蹬跑、车轮跑等，也可利用特定的场地器材进行加速练习，如斜坡跑和骑固定自行车等。

四、速度训练的基本要求

（1）速度素质训练应结合运动员所从事的专项运动进行，如在短跑项目中应着重提高他们听觉反应能力，在球类运动中应着重提高视觉反应能力。

（2）速度素质训练应在学生兴奋性高、情绪饱满、运动欲望强的情况下进行，一般应安排在训练课的前半部。

（3）速度提高到一定程度时，常会出现进展停滞、难以提高的现象，称为“速度障碍”。出现速度障碍时，可采用牵引跑、变速跑、下坡跑、带领跑、顺风跑等手段予以克服。

（4）掌握学生的实际身体情况，科学地安排速度训练。由于移动速度具有多素质综合利用的特点，移动素质的发展与力量、耐力等其他身体素质的发展有着密切关系，因此，对学生进行速度训练的同时，要十分重视全面身体素质的训练。

第二节　耐力素质和柔韧素质训练

一、耐力素质训练

近几年来，国家在推进素质教育的同时，也相当重视学校体育和学生健康。首届全国学校体育工作会议中，提出要把学校体育与开展"全国亿万学生阳光体育运动"作为全面推进素质教育的重要突破口和主要工作方面；在《中共中央国务院关于加强青少年体育增强青少年体质的意见》文件中明确提出要"全面组织实施初中毕业升学体育考试，并逐步加大体育成绩在学生综合素质评价和中考成绩中的分量"。习近平总书记在2016年召开的全国卫生与健康大会上也提出"要把人民健康放在优先发展的战略地位"。

但近年来，我们国民耐力素质却呈下降趋势，且愈演愈烈。因此，学校体育作为培养人们养成终身体育习惯的重要途径，贯穿学生学校学习的全过程，我们有必要通过学校体育课堂对学生进行耐力素质训练，增强学生心肺功能，提高学生身体素质。

（一）将耐力素质训练融入体育课中的必要性

1. 耐力素质训练可有效促进学生身体素质的发展

耐力素质，是指人体在尽可能长的时间内进行肌肉活动的能力，耐力也可看作对抗疲劳的能力。长期的耐力练习，可以使大脑皮层长时间保持兴奋与抑制有节律的转换，使大脑皮层神经过程的均衡性得到改善，神经细胞的工作能力和支配肌肉活动的各运动中枢之间的协调也能得到改善，特别对提高心血管系统和呼吸系统的机能具有良好的效果。

学生的身体在不断生长发育中，而不同年龄阶段身体骨骼和肌肉坚实度都有所不同，所以我们要根据学生在不同年龄阶段、不同发展层次的身体特点，有针对性地去培养和加强学生的身体素质，注意控制学生在体育锻炼中的量和强度。对于学生而言，我们强调的有氧的耐力性练习要居多，这样更有利于学生的身体素质的发展，减少给学生身体带来的伤害。在耐力素质不断提升的同时，也为学生自己所喜欢的一些项目的学习和提高提供有力的体能作为保障，否则一切都是空谈。

2. 耐力素质是保证持续完成任何运动的前提保障

身体素质中包括五个方面力量、速度、耐力、灵敏、柔韧，在五项基本素质中，耐力都是重要保障。如百米跑后程就要有充足的体能作保障，进行肌肉力量练习做的组数多或做的练习类型多同样也需要耐力作保障。耐力是保证持续完成任何运动的前提保障，有很多爱好者无论是在从事球类运动还是其他运动，除了技术，到最后拼的都是耐力，只有身体持续不断地提供充足的体能储备才能更好地发挥自己的能力，才能有更好精神状态投入到一天的学习和生活当中。

成为国家栋梁的人才们基本都是从学校这个大门走出来的，我们在学校体育课的教学中强调耐力素质的重要性，无疑是为人才在校期间储备耐力素质的能力，练就他们健康的体魄、充沛的体能、旺盛的精力，使其以饱满的精神状态和健康的身体状况投入到社会主义各个行业的工作岗位上去，并养成终身体育的习惯，时时刻刻都有一个好的身体基础，像一部崭新的机器一样良好地运转起来。由此看来，在学校体育课中，将耐力素质融入其中就显得更加紧迫了。

（二）推动体育课中耐力素质训练的方法

1. 考虑学生运动需要，激发学生的运动兴趣

在体育课程中，采用哪些方法、教授哪些内容去开展和推行耐力素质训练，教师首先要考虑的就是学生的运动需要，激发学生的运动兴趣。

什么是运动需要？就是学生对体育运动对自身价值所产生的判断，或想掌握某项体育运动技能的一种需要。如何判断学生的运动需要？我们可以从健身锻炼的方向出发，结合体育心理学方面的知识，以及学生的兴趣爱好，考虑他们的情感需要，找出学生们的运动动机和运动兴趣所在，通常我们运动是需要得到满足的，一旦满足就会产生运动的愉悦感，从而激发其运动兴趣。所以说，学生的运动需要是其运动兴趣得以激发与培养的源泉。

除运动需要外，融洽的师生关系、现有运动技能水平、运动内容的新奇性与适应性、成功体验的获得，都是影响运动兴趣的主要因素。其中，融洽的师生关系可以保证教师引导学生向健康积极的方向发展。

2. 丰富健身田径运动形式，通过游戏性比赛调动学生运动积极性

最近几年不断提出了很多好的健身锻炼的方式，如健身田径运动、少儿田径运动、自然环境中的田径运动、趣味性的田径运动等，都是从不同角度和方面去让运动更有价值、意义和趣味。

健身田径运动结合了田径中最基本的走、跑、跳、投掷等各种技能，既是人类本能的运动基础，也是表现基础运动能力的专门技能，如散步、快走、定时跑、定距跑、走跑交替、跳绳、跳跃游戏等，对于参加者来讲，负荷适宜、效果全面、条件随意、终身受益。因此，我们可以通过开展丰富的健康田径运动形式，通过游戏性比赛调动学生的锻炼积极性及对所学的知识、技术的综合运用能力。

3. 进行适宜耐久跑，逐步提高学生耐力素质水平

适宜距离、强度、速度的耐久跑会给学生身心带来愉悦和欢快。所以耐久跑应以中等强度、保持适宜的时间、确定适宜的距离为前提，提倡个人根据自己的实际情况，确定练习方式和负荷，以个人自我进步度的评价作为控制练习的依据，避免出现因“比赛”和“达标”等约束条件的影响，被动性地超出个人力所能及的练习负荷，造成运动伤害。

在耐久跑中使学生懂得耐久跑的价值与作用，了解跑的正确方式和节奏，能在跑前、跑后进行自我脉搏测量，懂得健身跑的心率应控制在 120 ~ 150 次 / 分钟为宜。

关于跑的正确方式和节奏，教师应给予学生指导。一是要形成正确的跑姿和跑的方法，养成健身跑的习惯。教师可以通过图片等媒体展示或师生简述与示范，使学生了解并掌握耐久跑正确的动作方式，能够做到动作轻松、步伐均匀、重心平稳。二是要学会呼吸方法和掌握呼吸节奏，这是练习耐久跑的基础要求。13 岁左右的中学生在运动时主要靠提高呼吸频率来增大肺通气量，而呼吸深度增加不多。这与他们胸围较小、呼吸肌力量弱、肺活量小及呼吸调节机能不够完善有关。为此，要在慢跑中有意识教会他们正确的、有节奏的呼吸方法，注意加深呼吸的深度是很有必要的。

只要能做到以上几点，并且教师认真负责地有针对性地安排指导学生练习，会慢慢地提高不同阶段学生耐力素质的水平，随着年级的不断提高，耐力素质水平会呈明显的上升趋势，这样也为解决学生体能储备不足找到了解决的办法。

二、柔韧素质训练

众所周知，柔韧素质是提高训练水平的重要因素之一，柔韧素质的提高不但有利于技术动作很好地完成，而且有利于提高动作质量与动作幅度，其表现为：协调性的不断提高、节奏感增强、运动能力的明显增长等。运动员如果不在柔韧性上做大强度、高效率的训练，那么他们在运动技术、运动成绩方面将很难得到更大的提高。因此，必须充分重视柔韧素质，并且科学地进行训练。

（一）柔韧素质的理解

体能是以人体三大供能系统为能量代谢活动的基础，通过骨骼肌的做功所表现出来的运动能力。体能是运动员的基本运动能力，是运动员竞技能力的重要构成因素。运动员身体素质的发展受多种因素的影响。

1. 柔韧素质的概念

柔韧性素质是指各关节活动范围的大小及肌肉、肌腱、韧带等组织的伸展能力。

在《牵伸训练》书中“柔韧性”一词是指“正常”范围内的运动能力。

2. 柔韧素质的分类

①与静力柔韧相关的关节在不强调速度的条件下进行拉伸时的运动幅度（ROM）有关，因此静力性柔韧是静力性牵伸的结果；②弹性柔韧性，通常跟摆动、弹起、弹回和节律性运动有关；③动力性或功能性柔韧性是指在以正常速度或快速进行身体活动时运用一系列关节的运动能力；④活动性柔韧性是指没有外力辅助的条件下，由肌肉主动运动时的活动范围。

（二）目前国内对“柔韧素质”研究的文献分析

笔者通过查阅《中国期刊全文数据库》《贵州师范大学图书馆》《贵州数字图书馆》以及大量与柔韧素质相关的文献，发现当前涉及“柔韧素质”的相关文献多数涉及的体育运动中柔韧素质的重要作用及地位和体育运动训练中柔韧性的训练方法和手段等领域，关于体育运动中柔韧素质的具体可实施性的对策和建议的文献相对较少。从笔者掌握的文献来看，当前对体育运动中柔韧素质的探讨和研究基本集中在以下几个领域。

1. 柔韧素质在体育运动中的重要作用及地位

赵余骏，许寿生，李燕在《PNF 训练对少儿艺术体操练习者柔韧素质的影响》中提到通过对实验组和对照组两组实验结果数据的对比分析和对每名练习者自身的两次数据进行对比分析，得出少儿艺术体操训练者通过系统的训练，PNF 训练和传统柔韧素质训练都能使练习者的柔韧素质得到相应的提高。少儿艺术体操练习者柔韧素质训练采用 PNF 训练法，相比较传统柔韧素质训练的负荷强度而言，可以相对较小的负重负荷，使柔韧素质得到显著性提高。拉伸法不仅仅在提高肌肉的柔软性方面有很大的作用，而且也能够很明显地提高肌肉发力的柔韧性，可以作为训练的柔韧训练一种很好的方法。静力性拉伸法可以提升柔软性，但对于肌肉柔韧性的提升方面却并不是很理想。刚开始柔韧训练可以采用 PNF 拉伸法和静力性拉伸法进行练习；训练到一定阶段后，可以用 PNF 拉伸法进行训练，以便于适应各个阶段的训练需求。

蔡广浩、熊凡在《静力拉伸和动力拉伸对提高柔韧素质的研究综述》中表示，在人们的意识中虽然体现出了静力性拉伸优于动力性拉伸的想法，但是相关方面的研究仍显不足，所以在理论上的支持仍需实验数据的支撑。从搜集的资料上来看，大部分研究都集中在练习手段的开发上，专门针对动力和静力练习效果的研究较少，并且由于人们对于柔韧素质训练普遍认识程度不够，对训练方法的区分和操作不熟悉,很容易在训练和健身过程中造成运动损伤,影响运动成绩和训练热情。

孙红在《论柔韧素质在跳高运动员身体素质中的重要地位》中指出,身体素质是人体器官、系统机能在肌肉工作中的反映。它是身体发展,体质增强的主要内容,也是一个人健康水平的重要标志。身体素质是从事各项体育运动的基础,是取得优异运动成绩的根本保证。发展和提高身体素质是体育教学训练中的重要任务,是提高运动员运动水平和运动技术的根本保障。运动能力的掌握和提高,良好的身体素质是关键的支柱。身体素质的发展状况对掌握、巩固和提高技能技术、顺利完成教学和训练任务来说是极其重要的。因此,笔者认为柔韧素质在其中起到一个主要作用。

以上三者都对柔韧素质的重要作用及地位从多个角度进行了系统而全面的分析和研究,并都较为准确地指出了柔韧素质在体育运动教学和训练中的重要作用和地位,并展开了高深度、多视角的解读。

2. 体育运动中柔韧素质的技术教学及运动训练方法方式

陈志刚、董江在《青少年短跑运动员的柔韧素质训练探析》中指出,青少年田径短跑运动员广泛存在着柔韧素质比较差的现象,导致了他们在协调性上也较差,在技术动作上的缺点是动作幅度小而生硬,这种情况使他们在运动技术上的提升和训练成绩的增长上也受到了很大的影响。青少年在这个阶段正是生长发育旺盛的时候,年龄的增加会带动身体状态、机能等方面发生很大的变化,因此在青少年时期如果我们能够对于运动员制定一系列有计划、有目的性的柔韧素质训练,这将会使他们很快地掌握短跑技术、技能,并且不断提升运动的水平。柔韧素质练习的基本方法与手段有以下几个方面:①静力拉伸练习法。将平缓的动作保持在静止不动的状态,从而使肌肉、韧带等软组织拉长到一定程度,在这个拉伸过程中,肌肉、韧带能够获得较长时间的刺激,这是这个方法的一个重要特征。②动力拉伸练习法。自主拉力运动法是一种屡次重复相同动作的、有规律的、相对较快的运动方法。在短跑训练中这种练习方法有个主要特征,就是肌肉强度改变的最大值在自主拉力的时候大概比静力拉伸大两倍。③柔韧性练习常用的方法。柔韧性素质练习一般通过以下常用方法,包括:a. 正弓步压腿,这是为了提高腿部后侧肌肉的柔韧性;b. 侧弓步压腿,这是为了提高腿部内侧肌肉的柔韧性;c. 后压腿,练习的目的是为了增加腿部前侧肌肉的柔韧性。在我们的研究中发现,一些运动员往往会忽略了其他素质的训练,为了提升成绩只是在速度和力量上进行练习,这种情况也会造成他们的成绩提升受到负面影响,而事实是柔韧素质的好坏程度决定了其他素质的发展,各素质的发挥和利用也受它影响,它是联系各素质的一种良好的媒介。

郭书华在《柔韧素质锻炼方法》中指出柔韧素质是很多的体育运动项目必须具备的重要体能之一。针对小学生的柔韧素质的提升,采取了一系列方法策略,并收到了很好的反馈。其方法策略的训练方法:①吻靴。目的:低弓步压腿,重点训练膝关节的柔韧性。动作方法:训练者一条腿屈膝成半蹲状态,另一腿向前伸直成弓步,脚跟着地,勾脚尖;身体前屈两手抓住前伸的脚尖;两臂屈肘用力向后拉,上体屈髋前俯,头以及下颏尽力去碰触脚尖。控住几秒后上身缓缓抬起,间歇一会儿后做换腿重复练习。②双人拉锯练习。目的:用于提高学生腰背部、腿部后侧和膝关节韧带。动作练习方法:两人一组对面坐地上,脚脚相对,腿伸直,上体前屈,手相扣前后拉动。③扶腿压前屈。目的:提高腰部、腿部柔韧性。动作方法:一人仰卧,两腿并拢,两腿做体前屈,一人扶其腿下压。④脚迈过"圈"。目的:提升身体柔韧性,增进腰腹肌肉力量。动作方法:训练者站立,两手相握放体前。身体前屈,左右脚依次从两手臂和躯干成的圈内迈出。当脚都迈出后,两手不松,身体保持正直,两手由臀后侧朝上提起,双手相扣放于身体后面。⑤"马咬尾"伸展练习。目的:训练腰腹部肌肉的柔韧性。动作方法:训练者膝跪于地,手撑地,向左扭转脊柱,尽力从肩部看到左侧臀部,左侧臀部可向前轻微移动。几次后,脊柱换方向扭转。⑥钻膝拉手。目的:提高身体柔韧性,拉长肩背部肌肉和韧带。动作方法:训练者站立,双腿膝部外开,腿部成"O"型,身体前屈,手臂从腿部内侧穿进,穿过膝关节后,再屈双肘,臂小腿前,双手放在脚踝前相扣。⑦跨绳比赛。目的:提升身体柔韧性。动作方法:两手握绳于身体前面,两腿从绳上跳过,再跳回来。

张建、史东林、周博、李光军在《三种拉伸方法对于提高艺术体操运动员韧素的实效对比研究》中的研究结果表示:① PNF 拉伸方法能够有效地提高艺术体操运动员肩关节、髋关节柔韧素质水平。与动态拉伸方法和静态拉伸方法相比,PNF 拉伸方法除了在柔韧素质水平的提高方面成果显著外,柔韧素质的训练成绩还能表现出持续性、渐进性提高的趋势。②静态拉伸方法对于柔韧素质的改善效果虽然优于动态拉伸方法,但是在提高柔韧幅度与速度方面均落后于 PNF 拉伸方法。③动态拉伸方法能够有限地提高柔韧素质,但是保持成绩的能力最差。他们的研究论证指出:①证实拉伸训练对改善艺术体操运动员的柔韧素质水平有重要意义;②结合前人对柔韧素质的研究果,丰富动态拉伸、静态拉伸与 PNF 拉伸三种不同拉伸方法之间的对比研究;③丰富艺术体操运动员专项柔韧素质训练手段,证实拉伸训练对改善艺术体操运动员肩、髋关节柔韧素质水平的实效研究,为艺术体操运动员专项柔韧素质训练提供理论参考依据。

以上三者都对柔韧素质的技术教学及运动训练方法方式做了研究、分析与探讨，并都提出多种在体育教学与训练中行之有效的练习柔韧素质的方法方式。

综上所述，从目前的研究成果来看，当前研究体能中柔韧素质的文献大多集中在对柔韧素质的作用、重要性以及地位方面和锻炼方法方式等领域，大致分为体育运动中柔韧素质的重要作用及地位和竞技体育运动中柔韧素质的技术教学及运动训练方法方式的分析两个方向，但少有关于柔韧素质在学校体育教学中发展的对策和建议的文献。学校体育教学中柔韧素质的发展具体可实施性的对策和建议是非常有必要的，不仅可以对青少年学生的体质发展起到实质性的作用，使得学校体育课更加便于开展以及开展得更好，而且可以促进学生体育能力的增长，更加便于去学习其他能力。

第三节　灵敏素质和协调能力训练

一、灵敏素质训练

原则是人们依据客观事物运动的内在规律而制定，在实践中必须遵循的法则或标准。运动训练原则是依据运动训练的客观规律确定的组织运动训练所必须遵循的基本准则。灵敏素质的训练也有其自身规律，只有遵循这些规律才能系统、有效地发展运动员的灵敏性。根据运动训练的原则结合灵敏素质的特征，笔者依据多年训练实践认为，灵敏性的训练应遵循三大基本原则。

（一）健康安全与竞技需要原则

1. 健康安全原则

“以人为本”是现代社会的根本要求，社会的发展是为了人的发展，人类社会创造的一切都应是为了人类全面、自由的发展。体育运动当然也不例外。然而，现代社会的高度发展却使人的发展走向歧途，而体育的发展似乎也没能找到自己的真谛，甚至成为摧残人的事情。竞技体育中不断出现的丑闻，无不体现现代体育比赛中体育道德的沦丧和体育真谛的缺失。人类本身在利益至上的社会或比赛中不但没有受到重视，还成为社会和比赛的附属品。这背离了社会发展的根本目的，势必导致人类发展的不良后果。

健康安全是一个人生存的基本权利，是人从事体育活动或其他活动的基础。田麦久教授指出，健康是运动员的基本权利，是运动员保持系统训练的重要基础。运动训练以取得运动成绩和提高竞技能力为主要目的，而现代运动训练理论中恰恰缺失了对运动员健康部分的内容。实践中，教练员提倡“三从一大”的训练模式，从思想上提倡、鼓励“轻伤不下火线”，导致运动员的小伤小病更加严重，甚至断送其运动生涯。主流媒体也在舆论上鼓励运动员带伤训练或比赛，甚至把这些行为作为一种精神大肆宣扬，让人们觉得只有带伤训练、比赛才是顽强拼搏的表现。这一点国内与国外的差异十分明显。从执教理念上，国外强调运动员的主体地位，对运动员的伤病，队医会给予充分的评估和建议，而教练员对队医的建议必须予以充分的考虑。有些项目比赛规则规定，运动员不得带伤参加比赛。而国内强调教练员的主导性，队医的作用仅仅是对运动员的伤病进行简单康复或辅助训练工作，对于运动员能否上场的决定权很小。在训练实践中，国外运动员的自我保护能力较强，训练或比赛中如有伤病，运动员会根据医生的建议配合队医进行治疗，并及时和教练员沟通以便调整训练计划，确保伤病尽快治愈，更快地投入到训练和比赛中。国内提倡运动员带伤训练，导致运动员轻伤变重或变成慢性伤病，最终影响其运动训练。

安全保障是确保运动员免受伤害的关键。在运动训练或比赛过程中，尽量保证运动员的安全，避免伤害事故的发生。灵敏素质练习对运动员的身体有较高的要求，所以，灵敏性练习一般安排在训练课的前半部分。灵敏性练习前，教练员需调动运动员的积极性、激发运动员的训练动机，在其体力充沛、注意力集中、精神饱满的状态下进行练习，以获得最佳训练效果。另外，应变换练习手段，根据不同阶段或练习重点安排不同的灵敏素质练习手段。例如，沙滩排球运动员在徒手练习时需注意变换动作和改变方向，再结合球进行训练，这样既可以提高其判断能力，也可以根据需要对预判、变向和变换动作的能力进行练习。准备期可以重点发展一般灵敏素质或对三类灵敏素质分别进行训练，逐步提高；比赛期则以专项灵敏素质训练为主。

灵敏性训练也应从运动员的健康状况出发。因为灵敏素质训练是高强度的练习，危险系数较高，与一般的康复性训练有很大不同，运动员在身体状况不好或有伤病的情况下不应参与灵敏性训练。运动员进行灵敏素质练习或测试时，需确保其处在安全的训练环境中。首先，保证训练或测试地面与比赛地面要求一致，包括合适的服装和鞋子。若在硬地上测试要保证地面防滑，运动员应穿着相应的训练服装和防滑的鞋子。其次，有充分的练习空间，确保运动员安全地完成练习或测试。最后，进行灵敏性练习或测试时，运动员应保持注意力高度集中和良好的状态，防止疲劳的发生。

2. 竞技需要原则

竞技需要原则是由项目特征决定的，教练员应时刻考虑灵敏性训练要满足项目需要，不同项目对灵敏素质的要求不同。简单地将灵敏素质分为一般灵敏性和专项灵敏性不是目的，对专项灵敏性进行深入分析，进而得出专项灵敏素质的练习方法才是关键，使其从能量消耗特征、项目的技术特征和力学特征等方面贴近项目。1988 年，苏联训练学专家指出：机体对刺激的适应具有较强的专一性，长期缺乏针对性的训练，无法使机体适应专项的要求，结果必然导致运动成绩的下降。根据竞技需要选择灵敏素质练习方法的依据有供能特点、动作形式和移动的速度等，以便使训练效应更好地转移到专项竞技能力中。如果一个项目需要大量的侧向移动，那么练习中应体现这一需求。例如，沙滩排球训练应根据项目的预判特点、变向特点和动作特点分别进行，达到自动化的程度，这样才能确保灵敏性训练贴近比赛。

（二）适宜负荷与区别对待原则

1. 适宜负荷原则

训练效应的生理基础是人体对刺激的适应，而负荷就是这种刺激。也就是说，任何训练效应的获得必须通过对运动员施加负荷才能实现。必须明确的是，人体的适应能力并不是无限的，在训练过程中当人体的适应能力正向发展时，常伴随运动成绩的提高；而当人体难以适应持续的负荷时，常伴随运动成绩的下降。所以，对负荷的控制已成为运动训练学研究的焦点，灵敏素质的训练同样存在运动负荷的问题。

灵敏素质是以磷酸原系统供能为主的素质，练习时强度较大，易产生疲劳，所以，每个练习后应有足够的休息时间，以保证机体磷酸原的基本恢复。运动生理学研究表明，每千克肌肉中含 15 ~ 25 毫克分子 ATP—CP，该系统的供能时间一般不超过 8 秒，而 ATP—CP 恢复一半的时间大约是 30 秒，完全恢复所用的时间大约是 3 ~ 4 分钟。所以，在进行灵敏素质训练时，一般练习时间不应超过 10 秒，以充分发展灵敏素质供能系统的能力；两个练习之间的休息应超过 30 秒，一般为 30 ~ 50 秒；组间间歇应稍长一些，一般为 3 ~ 4 分钟，以保证 ATP—CP 含量的恢复。为了使运动员较长时间保持良好的灵敏性，应适当提高运动员的糖酵解供能能力和有氧代谢能力。研究表明，运动员尽力保持速度进行灵敏素质的练习仅能维持 7 秒，一般而言，敏捷性、加速度和快速脚步的练习时间应保持在 3 ~ 5 秒，灵敏性的纯练习总时间一般不超过 4 分钟。

运动负荷主要强调运动量、运动强度及间歇时间。进行灵敏素质训练时，对强度的控制，教练员可以通过运动员完成练习所用时间（一般情况下，如果练习的速度降低 10% 以上，应停止灵敏性练习，说明疲劳开始发生，并且功率下降）和监控运动员心率来间接评价。有经验的教练员还可通过观察获得重要信息，如当运动员动作技能下降，特别是制动时动作不稳、制动能力下降时，应考虑延长间歇时间或停止灵敏性训练。

2. 区别对待原则

区别对待原则是指在运动训练过程中，根据运动员的特点、训练水平，因人而异地制订训练计划和安排训练负荷。进行灵敏素质训练时也应考虑区别对待的原则，因人、因时、因项、因地制宜地进行练习，才能获得良好的训练效果。

灵敏素质训练中区别对待原则的执行需做到如下几点：首先，根据运动员的特点进行灵敏性练习，不同训练水平的运动员，应采用不同的练习方法和负荷。如有些运动员灵敏性表现不好，可能是由于预判不足，抑或是移动变向能力或变换动作的能力不足，练习时应根据运动员的不同情况分别进行训练。其次，不同项目运动员灵敏素质的要求不同，这已在竞技需要原则中进行了阐述，在此不做赘述。再次，处在不同训练阶段的运动员应安排不同的灵敏素质训练内容。开始阶段应注重基本脚步或身体控制能力的练习，如冲刺跑、后退跑、侧滑步和起动、制动、变向等基本移动能力和控制能力，为后继的灵敏性训练打下基础。如果运动员能很好地控制平衡和身体重心，并能快速移动，将会增大其获得成功的概率。随后可进行一些与专项相关的灵敏素质的移动步法练习，若是需要器械的项目，还可结合器械进行移动变向和变换动作的练习。当达到一定程度后，可以结合专项运动场景进行必要的预判和快速反应练习，并使之达到自动化的程度。

（三）全面发展与敏感期优先原则

1. 全面发展原则

全面发展是指在灵敏素质训练过程中，应全面提高运动员的观察判断能力、变换动作和改变方向的能力及身体控制能力。观察判断能力、变换动作和改变方向能力是灵敏素质不可分割的三种属性，将灵敏素质进行分类，并单独对某一属性进行研究，是为了更深入地探讨该属性的特点，因为不同能力具有不同的表现形式。但绝不能因此而忽视了灵敏素质的完整性，只有将这三种能力统一起来进行多维度的考察，才能更加准确、完整地把握灵敏素质的真意。在运动情景中任何一方面的能力存在不足，都会影响运动员灵敏性的整体表现。

观察判断能力的培养。结合运动实践提高运动员的观察能力，通过更加广阔的视觉追踪策略，获取更多有效信息，巩固视觉搜寻的结构模式，加强对细微动作的辨别能力，形成运动记忆加以存储，以提高判断的准确性和速度。研究表明，视觉注意力可以不经过眼动而得到加强，并且控制视觉搜索的任务和结构似乎可以储存在记忆里,“双眼紧盯着球”的模式似乎不是处于最佳竞技状态的运动员喜欢的模式。大量研究表明,观察判断能力的训练可以有效地提高运动员的意识和决策能力。

变换动作能力的培养。全面发展运动员的技术动作(专项技术和非专项技术)。实践表明,学习掌握的技术动作越多、越熟练,建立的暂时性神经联系就越多,不仅表现出学习新动作技术快,更表现出技术运用灵活且富有创造性的特点。

改变方向能力的培养。全面学习多种移动步法,起动、制动、变向身体姿势与重心的控制,起初可以学习一些简单的闭链式移动动作,然后增加一些简单的刺激,并逐渐增加难度,包括刺激的难度和动作、方向的难度,有效提高运动员的变向能力。

灵敏素质由上述三部分构成,但并不是上述内容的简单相加。若发现一种练习方法运动员练习起来较困难,应重点练习而不是将其调整为已熟练的练习动作。

2. 敏感期优先原则

身体素质的发展过程不仅是一个持续稳定的变化过程,而且存在着增长速度特别快的过程或阶段,人们习惯将这一过程或阶段称为身体素质发展的敏感期。判定标准为年增长平均值加一个标准差作为临界值,增长速度大于或等于临界值的年份为该素质的敏感期。一般素质敏感期都有两个:迅速发展期和较快发展期。抓住敏感期进行针对性的训练能提高训练的有效性,达到事半功倍的效果。

运动训练过程中强调灵敏素质敏感期训练,但绝不是强调灵敏性的训练只有在灵敏性发展敏感期才进行。国内不少教练员认为,灵敏性应在青少年阶段进行训练,成年后就没有时间练习这些内容。相反,灵敏性在成年阶段应受到重视。国外研究指出,对灵敏性的训练应该贯穿运动员训练的整个过程,因为神经适应过程可以通过长时间的不断重复得到发展。另外,与灵敏有关的很多素质,如速度、力量、功率、柔韧、平衡等均可以通过科学系统的训练得到提高。

灵敏素质的训练要符合运动训练的基本规律,但灵敏素质自身的特点决定了其训练规律具有特殊性。根据灵敏素质的特点和运动训练的规律将灵敏素质的训练原则归结为:健康安全与竞技需要原则、适宜负荷与区别对待的原则、全面发展与敏感期优先原则。

二、协调能力训练

在人体综合性的运动素质中,其中最重要的一项就是人体的协调能力,人体协调能力的强弱决定着一个人运动素质的高低,通过培养人体的协调素质来提高身体的协调性,可以提高人体体能、人体技能及人的心理素质,以便达到更好的训练目的和效果。目前,可以通过对人体运动各个方面的分析来提高人体的协调性,通过分析制定出提升运动人员身体协调性的合理、科学的训练方案。

（一）分析人体运动协调能力的特征

运动协调能力是指运动员的机体各部分活动在时间和空间里相互配合，合理有效地完成动作的能力。《运动训练学》中指出，“运动素质是人体体能的重要组成部分，是机体在活动时所表现出来的各种基本运动能力，包括力量、耐力、速度、柔韧和灵敏等。它们之间都有各自相对独立的作用，又有着密切联系，彼此制约、相互影响，其中每一个因素的水平，都会影响着体能整体的水平”这一观点。肌肉的活动要通过运动来实现，运动中的战术、技术及运动素质等都要通过肌肉活动来表现，所以力量素质是运动的基础。

在每日的基本训练中，运动者在剧烈的肌肉训练时，通过神经活动也可以调节和控制肌肉活动。我们从外观来看，力量训练是通过肌肉的活动来实现的，但从实际角度出发，从生理学方面来看，身体协调性是人的神经系统在起作用，神经系统接受感受器时，由外部环境或者自身体内的刺激通过身体内的神经系统传播到大脑皮质区域，从而调节肌肉的张弛与伸缩活动。运动协调能力本身是一种重要的智力，在运动中对神经系统的刺激，对大脑的发育是有着积极重要意义的，通过练习掌握运动技能，细化肌肉协调的能力，它反映的是一种精细的感觉，和对外部刺激的分析和综合能力。

（二）分析人体运动协调能力的主要制约因素

1. 遗传因素

运动能力的各种组成性状是由遗传因素和环境因素共同决定的。一般来说，不明原因性协调能力差，绝大部分都是由遗传因素导致的，遗传因素决定了运动者运动能力起点的高低，遗传因素与人体协调能力有着紧密的联系。人的身体在运动过程中，能够完成非常复杂的运动技术动作，这与人的神经系统中的功能水平存在着较为密切的联系，所以说人体协调能力与神经系统中的功能水平关系极大，人体的神经系统功能是先天形成的，它很难被外界或者自身体内的因素所影响，所以说神经系统的功能是不易受到后天的改变，先天的遗传原因制约着人体协调能力的发展水平。

2. 大脑皮质下中枢神经系统

所谓“闻道有先后”，运动技能有些人做起来相对简单，有些人相对较难，就像很多人的身体运动协调能力都是先天发育决定的，但是仍然有不少的人经过后天不懈努力的运动训练,提升了自己的身体协调能力。在人体的运动机体内,要想完成较为复杂的运动技术动作,仅仅依靠大脑的皮质或者神经系统的调节是不完整也不准确的,这还要取决于皮质运动区域内的抑制与兴奋过程灵活的转换支配身体机能来完成,只有这样才能完成高难度而又复杂的运动技术动作。如果人体的传导机能和反射机能出现障碍,人体的协调能力就会受到制约。

3. 感官系统机能

感官是指能够感受外界事物刺激的器官,它包括眼、耳、鼻、舌、身等。人身体的各部分都存在有感受器,它们在受到外部环境或者自己身体内的刺激时会通过身体内的神经系统传播到大脑皮质区域,经过大脑皮质区域的综合分析,找到解决方案,从而调节身体的机能。人在运动时,感受器也开始了它的工作,时刻准备着接受身体发出的信号,他们之间有很复杂而又微妙的关系,感受器作为神经系统调节的各个效应器官,为了使身体能够更好地运动提供了桥梁,身体能够更有效、正确地完成运动技术动作。感官系统具有很好的灵活性,它们能够为人体的肌肉和肝脏器官提供最为重要的支撑。

4. 运动技能的储存数量

一个人如果有丰富的运动技能储备,并拥有高水平的运动技能,就能够轻松地建立起新的条件反射,也能够更快地接受并且掌握更高难度而又复杂的运动技术动作,与此同时,其身体协调能力也能够很好地得到提升。大脑皮质支配着人体的肌肉活动,也可以这样说,大脑皮质支配着人体的各项运动。人们对身体素质的理解就是人体肌肉活动的能力,一个人的速度、耐力、力量、灵敏与柔韧性都比较好就说这个人身体素质好,也可以说运动素质好。随着运动素质的发展,人体机能的能力也在不断地增强和扩大。运动技术水平的提高也说明我国的运动机能有很大的提升和创新,并且技术掌握的熟练程度也大步提升。人体的运动技能之所以能够改进、发展和提高,这都归功于大脑皮质活动的反应,这基于大脑神经在运动条件反射时做出的建立、巩固和分化。

人体运动技能的形成归功于条件反射的建立。运动技能的储存数量越多,越能顺利地建立新的条件反射,掌握新的运动技术动作,人体从而表现出较为良好的运动协调能力;反之,运动技能储蓄数量不足,人体就会表现出较差的运动协调能力。

5. 其他运动素质的发展水平

人体协调能力还受其他运动素质发展水平的影响,其他运动素质包括柔韧性、灵敏性、力量、耐力、速度、身体平衡力、技术动作纯熟度等。例如,柔韧性,它是指人体关节活动范围的大小以及跨过关节的韧带、肌腱、肌肉及其他组织的弹性和伸展性，发展柔韧性素质，身体柔韧性不好的运动人员，关节活动范围较小，跨过关节的相关组织的弹性和伸展性较差，他的柔韧性就制约着身体协调性的发挥。灵敏性，它是指在人体突然运动的条件下，准确、敏捷而又快速地完成技术动作的能力，它是一种运动技能综合性表现的运动素质，灵敏性较差的人，运动反应较慢，身体协调性较差，但是，通过转身突然跑、倒退跳远、躲闪跑、快速启动、急停练习等灵敏素质的练习能够有效地提高人体的协调能力。平衡能力分为两种，一种是静态平衡，如坐位、站立位等在一定范围时间内对身体姿势平衡的维持；另一种是动态平衡，如走、跑、跳等运动中的身体维持，平衡能力不足会导致运动发展迟缓，从而影响人体的运动协调能力。

（三）人体运动协调性训练法

进行不习惯运动技术动作的各种身体练习，反向完成动作，如右手换左手实践。改变已习惯技术动作的速度和节奏，如做多组小跑、慢走、变换跑的练习等。还可以通过玩游戏的方式完成复杂的运动技术动作，如穿插一些技术动作的慢动作练习。创造性改变完成动作方式练习，可以采用不习惯组合的动作，使用已经掌握的技术动作做一些更加复杂的组合训练。改变技术动作的空间范围，适时用信号或有条件刺激使得运动人员做改变动作各种方式的练习。循环训练法，根据训练的具体任务，建立多组练习站、练习点的训练，运动人员应当按照规定的顺序、路线，依次循环完成每站所规定的练习内容和要求的具体训练方法。

在准备时期，每周的训练频率为二至三次较为合理，动作项目至少十项，每项动作的练习次数至少三次才能达到锻炼身体协调能力的效果，在做训练前必须要深刻了解自己的身体情况是在哪些方面不协调，要针对自己身体不协调的方面，适时了解和掌握训练方法并学习相关理论知识，进行科学合理的锻炼。杜绝盲目的训练，否则，不但没有锻炼效果，反而会伤害到自己的身体，因为每种训练方法所培养的协调感是不同的。在进行协调能力训练的同时也需要发展其他运动素质，从而更有效地改善身体的协调能力。

一个人运动协调能力的强弱，与人体的竞技能力有着密不可分的关系，协调并不是单一的力量、速度、柔韧性等运动素质的表现，而是这几种因素的综合表现，并且，一个人拥有高度发达的感觉器官和神经系统，能够协调复杂的机能活动和适应多变运动环境。研究表明，制约人们身体协调能力的因素主要有以下几种：一是遗传的原因；二是大脑皮质下中枢神经系统的支配机能；三是人体感官系统机能的灵敏性；

四是运动技能的储存数量；五是其他运动素质的发展水平等。

体育运动的目的是通过运动来进行人体运动素质的训练，身体协调是体育运动的灵魂，只有身体协调了，人体的肌肉才能依赖大脑神经系统的支配发挥其作用。一个人运动协调能力的提升和发展能够大大提升身体的锻炼效果，能够纠正错误的运动技术动作，还能够提升各个技术动作之间的协调性，并且在提升心理素质方面也有非常可观的效果，还能够附带着表现力、注意力、观察力以及自信心等个人能力的提高，从而在运动比赛过程中发挥更好的作用和效果。

第五章　体育运动

第一节　篮球运动

篮球运动于1891年由美国马萨诸塞州斯普林菲尔德市基督教青年会训练学校体育教师詹姆斯·奈·史密斯博士借鉴其他球类运动项目设计发明。起初，他将两只竹篮钉在健身房内看台的栏杆上，竹篮上沿离地面稍高于10英尺，约3.05米，用足球作比赛工具，任何一方在获球后，利用传递、运拍将球向篮内投掷，投球入篮得一分，按得分多少决定比赛胜负。1892年，奈·史密斯制定了《青年会篮球规则》13条，比赛时间规定为上、下半时各15分钟；对场地大小也做了规定；上场人数由每队9人、7人，到1893年决定为5人。随着篮球运动在美国的推广和开展，场地、器材也不断改进，逐渐形成近似现代的篮板、篮圈和篮网。

篮球运动是一项室内、富有吸引力的新颖的运动项目，不仅在美国国内得到快速发展，而且也相继传播到欧、亚、南美洲等一些国家。1904年，美国青年会男子篮球队在第三届奥运会上进行了表演赛。此后，篮球运动逐步在各大洲开展起来。1932年在瑞士日内瓦成立了国际业余篮球联合会，并正式出版了第一本国际篮球规则。1936年第十一届奥运会将男子篮球列入正式比赛项目，篮球运动登上了国际竞技运动舞台，成为一项世界性的运动项目。

一、篮球基本技术与练习方法

（一）移动

移动是队员在比赛中改变位置、速度、方向和争取高度时所采用的各种脚步动作的统称。

1. 基本技术

（1）起动

起动是队员在场上由静止状态变为跑动状态的一种脚步动作。突然快速起动在比赛中运用最多，是摆脱对方最简单、最有效的方法。起动时，前脚掌要短促而迅速地用力蹬地，使动作具有突然性。起动的前几步要小而快速，同时上身迅速前倾或侧转，向跑动方向转移重心，手臂协调摆动，能在最短的距离内充分发挥速度或以起动超越对方。

（2）变向跑

变向跑是队员在跑动中突然改变方向并加快速度来摆脱防守的一种方法。变向时，上身稍向前倾，同时右（左）脚前脚掌内侧用力蹬地，随之腰部扭转，上身向左（右）前倾，移动重心，左（右）脚向左（右）前方跨出一小步后，右（左）脚迅速同左（右）腿的侧前方跨出一大步，继续跑动。

（3）侧身跑

比赛时，队员在跑动中为了摆脱或超越对手，同时观察场上变化接应队员，经常采用侧身跑。侧身跑时，头部和上身放松地向球的方向扭转，同时侧肩，脚尖朝着跑的方向，既要注意观察场上的情况，又要保持奔跑的速度。

（4）急停

跨步急停：队员快速跑动到最后两步时，先向前迈出一步，用脚后跟着地并过渡到全脚掌抵住地面，迅速屈膝，同时身体稍向后仰，转移重心，减缓向前的冲力。第二步着地时，身体侧转，脚尖稍向内转，用前脚掌内侧蹬地，两膝弯曲，重心落在两脚之间。

跳步急停：队员在近距离慢跑中，用单脚或双脚起跳（离地不高），上身稍后仰，两脚同时落地，落地时用前脚掌内侧着地，两膝弯曲，下降重心，保持身体平衡。

（5）转身

前转身：一脚从中枢脚脚尖前绕过移动为前转身。如向左做前转身时，左脚为中枢脚，右脚前脚掌用力蹬地，同时上身向左转动。

后转身：一脚从中枢脚跟后面绕过移动为后转身。如向右做后转身时，左脚为中枢脚，身体重心移到左脚，右脚前脚掌用力蹬地，同时上身向右转动。

（6）滑步

前滑步：由前后站立姿势开始，向前滑步时，前脚向前跨一小步，与此同时后脚用力蹬地向前滑一步，保持开立姿势。注意屈膝降低重心。

侧滑步：由两脚平行站立姿势开始，向左侧滑步时，左脚向左跨出，落地的同时，右脚蹬地滑动，跟随左脚移动，保持屈膝低重心的姿势。身体不要上下起伏，两脚不要交叉，重心要落在两脚之间。向右侧滑步时动作相反。

（7）后撤步

前脚掌内侧用力蹬地，重心后移，然后将前脚移至后脚的斜后方，紧接前滑步，保持防守位置。

2. 练习方法

（1）基本站立姿势（面向、背向、侧向），听或看信号起动跑的练习。

（2）自抛或别人抛球后，迅速起动快跑，把球接住。

（3）成一路纵队，采用全场“之”字形急停急起。练习时，一队员急停变向后，第二名接上再做，依次进行。

（4）看手势做前、后、侧滑步，后撤步练习，全场“之”字形滑步练习。

（5）两人一组，一攻一守练习。

（6）两人一组，一人运球做各种变向、变速运球，另一人根据对方运球做相应的防守动作。

（二）运球

运球是篮球比赛中个人进攻的重要技术，是组织全队进攻战术配合的重要桥梁。运球练习可提高控制球、支配球的能力。经常做各种运球练习，不仅可以提高运球技术，对传接球、投篮等技术也有很大的促进作用。

1. 基本技术

（1）急停急起运球

在防守较紧的情况下，运球向前推进时，可利用急停急起的变化来摆脱对手。动作方法：在快速运球中，突然急停时，手拍按在球的前上方。运球急起时，要迅速起动拍球的后上方，要注意用身体和腿保护球。

技术要点：运球急停急起时，要停得稳、起得快。

（2）前变向运球

当对手堵截运球路线时，突然向左或向右改变运球方向，摆脱防守的运球方法。动作方法：以右手为例，运球向右侧前进，遇到对手堵截前进路线时，右手拍球的右上方使球从体前弹向左侧。同时右脚向前跨，上身向左用肩挡住对手，然后换左手按球的后上方，左脚跨出，从对手的右侧继续运球前进。

技术要点：手、脚、肩、身体协调配合。

（3）虚晃运球

在对手堵截运球路线时，不换手的横运球，改变球路线，摆脱防守的运球方法。动作方法：运球假动作突破是运球队员利用腿部、上身和头部虚晃，佯作运球动作迷惑对手，使其产生错误判断而做出抢球动作。当其一侧露出空隙时，立即运球突破，左晃右过，右晃左过。

技术要点：手按拍球的部位和拉拍球的动作要连贯。

（4）背后运球

这是在运球前进中，当遇到对手堵截一侧时，且距离较近无法采用体前变向运球时所采用的一种运球方式。动作方法：以右手运球，向左侧变向为例。变向时，右脚在前，右手将球拉到右侧身后。迅速转腕拍接球的右后方，将球从身后拍按至身体的左侧前方，然后用左手运球，左脚向前，加速前进。

技术要点：手拉拍球的右外侧，手、脚、腿及身体协调配合。

（5）转身运球

当对手逼近，不能用直线运球且体前变向运球突破时所采用的一种运球方法。动作方法：变向时，左脚在前为轴，做后转身。同时，右手将球拉至身体的左侧前方，然后换手运球，加速前进。

技术要点：蹬地、转身，拉引球、拍按球动作协调。

（6）胯下运球

当防守队员迎面堵截时，用这种运球摆脱防守方法。动作方法：当防守队员迎面堵截，贴得很近时，以右手运球为例。变向时左脚在前，右手拍按球的右侧上方。将球从两腿之间运至身体左侧然后上右脚，换手运球，加速。

技术要点：拍按球的右侧上方，球从两腿之间穿过，上步、换手要协调。

2. 练习方法

（1）原地运球：听哨音或看手势，做各种运球练习，体会运球动作，增强手感，逐步提高控球能力。

（2）直线运球：分两组或多组，成横队站于端线处。第一组持球行进间高运球至另一端线，返回时换左手运球，然后将球交给下一组，轮流进行。

（3）变向换手运球：身后运球转身，都采用每人一球，从端线的一边行进间“之”字形依次运到另一边。

（4）对抗练习两人一组一球，全场一攻一防，进攻者采用各种运球方法，从一端攻到另一端攻防交换。

（三）传球、接球

传球、接球是实现战术组织配合的纽带，它能把 5 名队员连成一个整体，充分发挥集体力量，体现篮球运动特点。巧妙准确的传球，能打乱对方防御部署，创造更多、更好的投篮机会；若接到传球后直接投篮得分，则这个传球被称为“助攻”。稳定、牢靠、合理的接球，能弥补传球的不足，从而很好地完成传球、突破、投篮等动作。

1. 基本技术

（1）持球手法与传出后的手形

手法：根据手的大小，两拇指八字或一字相对，手指展开拿球。手心不应触球。

（2）持球姿势与方法

持球基本姿势是可投、突、传的“三威胁”姿势。它的动作要领：脚尖正对篮圈，前后开立，曲膝，背要直。躯干要对篮，球放在胸前，抬头看防守及观察场上情况。

（3）传球技术与方法

传球由动作方法、球的运行路线和球的落点构成，这是评价传球质量的重要指标。①双手胸前传球。双手胸前传球是一种最基本且最常用的传球方法。这种传球快速有力，可在不同方向、不同距离中使用，而且便于和突破、投篮等动作相结合。动作方法：以基本姿势站立，双手持球，向传球方向迅速伸臂、抖腕，同时身体向传球方向移动。初次练习传球时，应向前跨一步以帮助传球。技术要点：手臂前伸与手腕后屈的协调，伸臂与拨腕指的衔接。②双手头上传球。双手头上传球出手点高，便于与头上投篮相结合，与突破、运球等技术相结合使用时，增加动作的幅度，所以它适于高大队员使用。动作方法：传球时应将球举过头顶。使用双手持球，球高过前额，目光集中在传的点上，双手朝向传球的方向，应意识到对手可能会封盖传球。通过抖动指腕将球传出，球就呈直线传到同伴手中。技术要点：摆臂与拨腕指的衔接。③单手肩上传球。单手肩上传球是最基本的传球方法，也是经常运用的一种远距离传球方法。动作方法：由持球基本姿势开始，右手腕向右肩处翻转，到达合适传球位置后，以肘关节为轴，借助下肢蹬转或腰腹转动的力量，顺势带动前臂的挥动。手腕、手指前屈，球通过指端旋转传出。技术要点：展体挥臂和蹬腿与身体重心前移的协调连贯。④单手体侧传球。这是一种近距离隐蔽传球的方法，外围队员传球给内线同伴时常用这种方法。动作方法：持球经身体侧后方弧线向外伸展手臂，以肩为轴向前摆臂，当手臂侧伸较充分时，及时扣、拨腕指将球传出。技术要点：体侧弧线引球，摆臂制动与拨腕指的衔接。⑤反弹传球。这是最常用的一种近距离隐蔽传球方式，是小个队员对付高大防守者或中锋传给往球篮方向切入同伴的有效手段。动作方法：双手掌心向下，置球于胸腹之间。用手指、手腕弹拨球传出。反弹点落于离接球队员三分之一处。反弹高度于腰膝之间。技术要点：球速快，掌握好击地点。⑥单手体前侧传球。这是最常用的一种非常隐蔽传球方式，适用于各个位置。动作方法：以“三威胁”姿势开始，余光观察自己同伴的位置，把握时机。传球时，摆动小臂，当球基本过了前胸时及时压腕、拨指将球传出。技术要点：摆动小臂与压腕、拨指的连贯。⑦单手背后传球。当持球者贴近防守者时运用,一般情况,在快攻结束和突破分球时运用。动作方法：向背后引球时肘稍上抬,上臂带动前臂摆动,当半球位于体后时及时拨腕指将球传出。技术要点：摆臂与拨腕的时机。

(4)接球

接球就是获得传球的动作。良好的接球技巧能弥补传球的不足。无论何种接球,都是由伸臂迎球和缓冲握球等动作组成。接球时,要伸臂迎球,当指端触球的瞬间,手臂要顺势后引,曲肘缓冲来球的惯性后持球。有对手防守时,要先卡位再要球。接球后要随时做“三威胁”攻击姿势,并尽快衔接下一个动作。

①接球的手法

1)双手接球。两臂先伸出迎球,双手十指自然分开成半球状,手指指端触球瞬间,双臂随球缓冲来球的力量后,自然持球于胸腹之间,保持好“三威胁”的姿势。

2)单手接球。五指自然分开成弧形并伸出手臂迎球,手指指端触球的瞬间顺势缓冲控球。同时,借助另一手的辅助成双手持球的“三威胁”姿势。

②接球方法

1)原地接球。包括迎、引、成基本姿势。迎:是向来球方向伸臂或上步迎接球。引:即在缓冲过程中将球带到所需部位。成基本姿势:是指下一个进攻动作的开始姿势。由接球点到腹前走一条向后向下的弧线。

2)移动接球。跨停步接球:靠近来球方向的内侧脚跨步缓冲接球,后腿膝部内扣,斜撑制动。跳停步接球：收身稍跳起接球,双脚同时落地。

2. 练习方法

(1)原地对墙做各种传球、接球。

(2)两人一组做各种传球、接球。

(3)迎面传球、接球。

(4)行进间两人传球、接球：把人数分成相等的两组站在端线后,两人一组传球、接球上篮交给对面的另一组做同样的练习,然后排到队尾,交替进行。

(5)行进间三人传球、接球：练习方法同上,要求三人传球时,中间队员稍后与左右两名同伴成三角形队形,每次传球必须通过中间队员。

(6)三人“8”字围绕传接球：传球人始终从接球者身后绕切至前面接球。

(四)投篮

投篮得分是篮球运动所有技术、战术、技能的最终目的,是篮球比赛中唯一的得分手段。篮球所有的技、战术配合都是为了创造最佳投篮时机,提高命中率,因此投篮是篮球比赛的关键，是攻防对抗的焦点。

1. 基本技术

（1）投篮的身体姿势和持球方法

①投篮的身体姿势：两脚开立，与肩同宽或略宽。重心在两脚之间，保持好重心平衡。两个膝关节要保持弯曲，上身要含胸直背，身体不能前后、左右摇动，目视投篮目标。肘关节的姿势是当投篮手举起时，手应放松地贴住自己的身体。手和球举起后，肘关节适度外展，躯干与上臂，上臂与前臂，前臂与手腕都要形成90° 。②持球方法：对于单手投篮，用投篮手的食指尖端接触球的平面中心部位。投篮手的拇指应展开，与食指呈60°夹角，手指应有“握球”的感觉，手心自然空出。扶球手扶球的一侧，手指全面展开到最大程度。

（2）投篮技术与方法

①原地投篮：它是比赛中应用比较广泛的投篮方法，是行进间单手高手投篮、跳起单手肩上投篮等技术动作的基础。

1）单手肩上投篮。动作方法：以投篮姿势，用力蹬地，伸展腰腹，抬肘，手臂上伸，手腕、手指前屈，指端拨球，用中指、食指将球投出，手臂向前自然伸直。技术要点：全身动作协调，用力一致。

2）双手胸前投篮。动作方法：双手持球于胸前，肘关节自然下垂（不要外展），上身稍前倾，两膝微屈，身体重心放在两脚之间，目视投篮目标。投篮时，两脚蹬地，腰腹伸展，两臂上伸，两手腕同时外翻，指端拨球，用拇指、食指、中指投出，手自然伸直。技术要点：掌握好屈膝蹬地、腰腹伸展。手臂上伸与手腕、手指用力动作的连贯、协调。

3）勾手投篮。动作方法：以右手为例，降低重心，上身向左倾斜，左脚用力蹬。技术要点：掌握身体重心，手腕和手指力量的控制。

②行进间投篮。行进间投篮是一种被广泛应用的投篮方法。一般在快攻中或切入篮下时运用，也可以在中、近距离投篮时运用。

1）行进间篮下单手肩上投篮。这是快攻和突破到篮下时常运用的一种投篮方法。比赛中命中率较高。动作方法：以右手为例，在跑动中右脚向前跨出一大步，双手迎前接球，左脚接着上一步，脚跟先着地迅速过渡到前脚掌起跳，同时双手举球，右脚屈膝向上抬配合左脚起跳。当身体到达最高点时，扣腕和手指拨球，柔和地将球投出。技术要点：接球、起跳、引球、扣腕、拨指配合协调。

2）行进间单手低手投篮。这是快速中超越对手后所采用的一种投篮方法。它具有速度快、伸展的距离远和便于保护球的优点。动作方法：以右手为例。在跑动中右脚向前跨出一大步，双手迎前接球，左脚接着上一步，脚跟先着地迅速过渡到前脚掌起跳，同时双手举球，右脚屈膝向上抬配合左脚起跳。当身体到达最高点时，左手离球，右手托住球的下部，手臂继续向球篮上方伸展，并以手腕为轴，手指向上挑球从食指尖投出。技术要点：助跑、接球、起跳举球、挑球动作连贯协调。

③跳起投篮。跳起投篮具有突破性强、出手点高、不易防守、便于与传球、突破和其他假动作相结合的优点，常与移动、传接球、运球突破等技术动作结合运用。

1）原地跳投。动作方法：以投篮姿势，在两脚用力蹬地向上起跳的同时，上身向上伸展，双手举球，当身体接近最高点时，右臂抬肘向上伸直，最后用手腕、手指的力量将球投出。落地时，双腿屈膝缓冲，准备下一个动作。技术要点：利用身体在空中最高点刹那间的稳定迅速出手。全身用力，协调一致。

2）接球急停跳投。动作方法：在快速移动中接球，用跨步或跳步急停。突然向上起跳，迅速举球，当身体接近最高点时前臂向前上方伸直，手腕前屈，手指拨球，通过指端将球投出。技术要点：急停时，步子要稳，连接起跳技术，身体腾空和投篮出手协调一致。

3）运球急停跳投。动作方法：在快速运球中，用跨步或跳步急停，突然向上起跳，迅速举球。当身体接近最高点时前臂向前上方伸直，手腕前屈，手指拨球，从指端将球投出。技术要点：急停时，步子要稳，连接起跳技术，身体腾空和投篮出手协调一致。

2. 练习方法

（1）持球模仿投篮练习：成广播体操队形，体会原地或跳起投篮的手法和用力过程。

（2）接球急停跳投练习：两人一组一球，相距 5 米左右。一人跳起做投篮练习，另一人接球急停后跳起模仿投篮练习。体会动作的衔接过程。

（3）五点定位投篮。三人一个球篮，用一个或两个球，篮下有人捡球，按五点顺序投篮或跳投，每个点投中三个球才能换下一个点，设计中或未中次数。离篮 3~4 米逐渐放远到 5~6 米，并逐渐加快速度，依次练习。

（4）罚球投篮练习：持球站在罚球线后，原地或跳起投篮。进一步体会投篮手法，协调用力和投篮出手角度。

（5）在三分线区域内做一分钟投篮练习：一人一球自投自抢，先 3 米远左右投篮，再把距离拉远投篮练习。

（6）行进间运球投篮练习：把队员分成两组，从中场开始做运球上篮。

（7）行进间全场传接球投篮：三人直线传接球投篮，三人围绕跑动中传接球投篮练习。

（五）持球突破

随着篮球技术的发展，各个位置的队员都能熟练运用持球突破技术。持球突破技术的发展主要表现为突然性强、速度快，与其他技术的结合非常紧密。持球突破后的各种运球和投篮更具有攻击性。与假动作结合，使突破防不胜防。主要有以下几种方法。

1. 基本技术

（1）交叉步持球突破

动作方法：以右脚做中枢脚为例。突破时左脚先向左跨出一小步（假动作），而后，左脚前脚掌内侧用力蹬地，同时上身向左侧转，左肩下压，使身体向右前方跨出，将球引向右侧并运球，中枢脚蹬地上步继续运球超越对手。技术要点：蹬跨积极，转体探肩保护球。

（2）同侧步持球突破

动作方法：准备姿势和突破前的动作要求与交叉步相同。突破时，右脚向右前方跨出一步，向右转体探肩，重心前移，右手运球，左脚前脚掌迅速蹬地，向右前方跨出，突破防守。技术要点：蹬跨积极，转体探肩保护球，第二次加速蹬地积极。

（3）前转身突破

动作方法：以左脚做中枢脚为例。突破前的准备动作背向球篮站立，两脚平行开立，屈膝，重心降低，两手持球于胸前。突破时重心移至左脚上，以左脚为轴前转身，右脚向球篮方向跨出，向左压肩，右手运球后左脚蹬地突破对手。技术要点：移重心，蹬地运球动作连贯。

（4）后转身突破

动作方法：准备动作与前转身相同，突破时以左脚为轴转身，右脚向右侧后方跨步，压肩，脚尖指向侧后方，右手向右脚前方放球，左脚前脚掌内侧迅速蹬地向球篮方向跨出，运球突破防守。技术要点：重心平稳，右脚向右侧后方跨出，左脚掌内侧蹬地发力。

2. 练习方法

（1）原地模仿练习。

（2）运用假动作，做不同的突破技术练习，提高运用动作的变化能力和动作的变换速度。

（3）半场或全场一对一对抗比赛。两人一组一球，先由一方持球开始进攻，进攻时可以运用交叉步或突破上篮。如果突破成功或投篮命中，进攻者继续进攻，反之则交换。

（六）个人防守

个人防守技术更具攻击性。防守者降低重心，增大防守面积，充分利用自己的身体体重与灵活多变的脚步。对有球队员采用平步或斜步的紧逼攻击性防守，对无球队员采用错位防守，做到以球为主，球、人、区三位一体的防守。

1. 防守的基本动作

（1）基本姿势

两脚左右分开，一脚稍前，屈膝下蹲，重心在两脚之间，一脚稍前比两脚平行站立前后更稳定，在突然后撤或向前时易于发力而不需要调整。

（2）脚步移动

滑步：移动时先向移动方向蹬跨，跨步脚紧贴地面，再蹬地脚紧贴地面并步。

后撤步：第一步蹬跨后撤要跨步完成，紧接滑步动作。

交叉步：是后撤步接追踪步的第一步（交叉）再接滑步的组合。

追踪步：是保持给对手一定压力的、重心稍低的侧身跑动作。

2. 防有球队员的基本动作

迅速调整防守脚步贴近对方，用手干扰对方，破坏对方进攻动作。同进攻者保持一臂距离，重心降低，始终要把进攻者置于自己的两腿之间。若运球停止后，要迅速贴近，积极挥动手臂进行封堵。

（1）平步防守

两脚平行站立，重心置于两脚之间。重心降低，膝角约 100° ，两手臂侧伸，五指张开，两脚处于起动状态。膝关节内扣。

（2）斜步防守

两脚前后斜步站立，一臂上举，一臂侧伸。重心置于两脚之间，屈膝收腹。重心低于对方，两脚处于起动状态。

3. 防无球队员的基本动作

人、球、区兼顾，做到近球上，远球放，控制对手接球。防守强侧的无球队员时，采取面向对手侧向球的站位法，用眼睛的余光注意球，防守弱侧无球队员时，采取侧向对手面向球的站位法，防止对手接球。

（1）在球、对手、球篮三点的夹角中间防守

动作方法：两腿稍屈，两臂自然，保持放松机动姿势，侧对防守对象和球。根据对手离球和球篮的远近不断调整与防守对象的距离。

（2）绕前防守

这是一种在防守的人、球、球篮成直线或从篮下溜过时要采用的防守方法。它可以分为挤绕和后转身绕。

挤绕的动作方法：后臂从上前伸下压同时后脚前跨。

后转身绕的动作方法：前臂屈肘以前脚为轴后转身。绕前防守紧贴的对手，一手后伸掌握防守对手的移动。技术要点：快速移动中身体姿势和重心的稳定，人和球同时兼顾。

（3）贴身防守

这是一种在对手接近球篮时要采用的防守方法。其动作方法：两脚斜步防守，一手屈肘顶住对方腰部，一手前伸干扰传接球。

（七）抢篮板球

篮球比赛中，抢篮板球是获得控制球权的重要手段之一。

1. 基本技术

（1）抢进攻篮板球

根据自己场上所处位置，及时判断出球反弹方向，快速起动，摆脱防守，抢占有利的位置。采用单脚或双脚起跳，腾空后身体和手臂充分伸展，及时调整重心，进行投篮或将球传出。

（2）抢防守篮板球

攻方投篮时，防守队员应根据自己与进攻队员之间的不同距离，采用不同的挡人方法。然后根据球反弹的方向，及时转身，抢占有利位置，跳起用单手或双手迅速将球抢下来。落地后持球远离对手，便于及时传球或运球。

2. 练习方法

（1）原地起跳抢球练习，向上自己抛球，然后用双脚起跳，在最高点处将球抢下来，落地屈膝缓冲，体会起跳、空中抢球和落地动作。

（2）两人一组一球，一人站在罚球线处，传球给篮下的队员。篮下队员接球后把球向篮板上抛出碰板。罚球线处的队员上步用双脚或单脚起跳抢从篮板上反弹起来的球，抢下后把球投进篮圈，数次后交换。

（3）抢罚球篮板，双方按照比赛中罚球方法进行站位。确定甲方其中一人执行罚

球，甲方的另外四人和乙方分别站在分位线后。当投球碰板或碰圈弹起瞬间，双方即冲抢篮板球。如投篮命中，则换由甲方的另一名队员罚球；如投篮不中，由抢得篮板球的队罚球。

二、篮球基本战术

（一）战术基本配合

1. 进攻战术基础配合

（1）传切配合

这是指利用传球和切入技术组成的简单配合。

（2）突分配合

这是指进攻队员持球突破防守队员向篮下切入，遇到防守方另一队员补防时，将球传给因对方补防而漏防的同伴，或者传给转移到指定的配合位置上的接应同伴的简单配合方法。

（3）掩护配合

这是指进攻队员以自己的身体采取合理的动作挡住同伴防守者的移动路线，使同伴借以摆脱防守的一种方法。根据被掩护者的不同方位而分为侧掩护、前掩护和后掩护。

（4）策应配合

一般是指处于内线的队员背对或者侧对球篮接球，由他作枢纽与外线队员的突切相配合而形成的一种里应外合的方法。

2. 防守战术基础配合

（1）挤过配合

在对方进行掩护配合时，防守者为了破坏对方的掩护，在掩护者临近的一刹那，主动靠近自己的对手，并从两个进攻队员之间侧身挤过去，继续防住自己的对手。

（2）穿过配合

对方进行掩护配合时，防守掩护的队员主动后撤一步，让同伴从自己和掩护队员之间穿过去，以便继续防守自己的对手。

（3）交换防守配合

这是为了破坏进攻队员掩护配合，防守队员及时交换所防对手的一种配合方法。

（4）“关门”配合

“关门”配合是临近的两个防守队员协同防守突破的配合方法。

（二）全队战术配合

1. 全队进攻战术配合

（1）进攻半场人盯人

常采用内线、外线结合，积极穿插、换位，连续掩护等基本手段，制造中投或篮下投篮等各种机会。常采用的队形有："2—1—2"（单中锋进攻法）、"1—2—2"（双中锋进攻法）、"8"字掩护进攻法、移动进攻法等。

（2）进攻区域联防

进攻区域联防的方法有很多，可根据本队的具体情况和对方联防的形式确定阵式和配合方法，其目的在于攻击对方区域联防的薄弱环节。如"1—3—1"进攻队形布局是针对"2—1—2"和"2—3"区域联防而组成的，"2—1—2"进攻队形布局是针对"1—3—1"区域联防而组成的，等等。

2. 全队防守战术配合

（1）半场人盯人防守战术配合

这种战术配合是进攻队进入防守队的后场后，防守队立即迎上积极盯住各自的对手，同时进行集体协同防守。基本战术要求是："以人为主，人球兼顾"和"有球紧，无球松"；针对对手的具体情况（如个人特点和离球、离篮的远近），抢占有利位置，积极移动，进行抢、堵，控制对手的行动，破坏对方进攻配合。半场人盯人防守分松动和扩大两种形式。一般来说，对外围中投不太准而篮下攻击力量较强的对手，采用"松动"形式，反之采用"扩大"形式。

（2）全场人盯人防守战术配合

全场人盯人防守是一种积极主动、富有攻击性的防御战术。在进攻转入防守后，立即在全场积极地阻挠对手移动、接球和投篮。这种战术不但能破坏对方有组织、有计划的战术配合，提高比赛速度，而且能促使对方失误。目前，常用的全场紧逼人盯人防守队形有"1—2—1—1""2—1—2""2—2—1"等。

第二节 排球

排球运动是一项两队对抗，每队 6 人，分两排站位，以中间球网为界，根据规则以身体任何部位击球过网而决定胜负的球类运动。

排球运动 1895 年由美国人威廉 · 莫根发明，最初是在室内球网两边用篮球胆拍来拍去使球不落地的一种游戏，取名 Vollyball，意为"空中飞球"。排球运动经历了多种发展形式，最初为 16 人制排球（每排 4 人，按 4 排站位），后来演变成 12 人制

(每排 4 人,分 3 排站位)和 9 人制(每排 3 人,分 3 排站位),以及至今的 6 人制排球。因为它是按排站位打球的,所以中国人称之为排球。

1947 年 4 月,国际排球联合会在法国巴黎成立,现在已经成为拥有 178 个会员国的体育组织。1949 年首届世界排球锦标赛在布拉格举行。1964 年排球运动被正式列为奥运会比赛项目。目前世界性的比赛有:世界排球锦标赛、世界杯排球赛、奥运会排球赛和世界排球联赛等。

一、排球基本技术和练习方法

排球技术有两种:一种是有球技术,包括传球、垫球、扣球、发球和拦网;另一种是无球技术,包括准备姿势、移动、起跳及各种掩护动作等。

(一)准备姿势和移动

准备姿势和移动是排球运动中各项技术的基础技术。任何一项排球技术在比赛中运用的效果,在很大程度上取决于准备姿势和移动技术。

1. 准备姿势

两脚支撑的位置:两脚左右开立,略比肩宽。站左半场的队员,左脚在前(约一只脚的距离),右脚在后;站右半场的队员,右脚在前,左脚在后;站在场中央的队员,两脚平行开立比肩稍宽。

身体基本姿势:双目注视来球,两膝弯曲并内扣,膝部的垂直面超出脚尖,脚跟提起,身体重心的着力点在前脚掌拇趾根部,上身前倾,两肩的垂直面超出膝部。手的位置:两臂自然弯曲,并置于胸腹之间,两手心相对,手指自然张开。

2. 移动

移动是接好球的重要条件。无论任何方向的来球,身体必须面对来球方向。因此,要尽快移动取得好位置,做好接球前的准备姿势。通常采用的几种移动步法是:滑步、交叉步、跨步、跨跳步、跑步、后退步等。

3. 练习方法

(1)学生集体做准备姿势,强调两脚的位置;

(2)原地跑或慢跑中,看教师发出的信号,迅速做准备姿势;

(3)学生在准备姿势的基础上,看教师手势做向前、后、左移动;

(4)两人一组,一人抛球一人按步法要求移动接球;

(5)各种形式的移动接力。

（二）发球

发球是比赛的开始，同时也是进攻的开始。现代的发球技术已经越来越具有强大的攻击能力。攻击力强的发球不但可以直接得分，更主要是可以破坏对方的接发球，削弱其进攻威力，减轻我方的防守压力，获得比赛的主动权。

1. 基本技术

所有发球技术的动作结构是相同的，但根据不同的发球技术又有不同的技术特点。发球技术的动作结构可以分为准备姿势、抛球、击球手形、挥臂击球四个技术环节。发球的种类很多，不管采用哪一种发球，要想把球发好，必须注意以下几点。第一，抛球稳。抛球是基础，要求掌心向上平稳地把球抛起。每次抛球的高度和身体的距离应基本固定。第二，挥臂快。手臂的挥动速度与球飞行速度成正比，手臂挥动快，则球的速度快。第三，击球准。用力方向必须和所要发出球的方向相一致。第四，正确的手法。击球手法不同，发出球的性能也不同。不同的发球种类应该使用不同的击球方法。

（1）正面下手发球

这种发球简单易学，失误率较小。但速度慢、力量小、攻击性差，适用于初学者。发球前，面对球网，两脚前后站立，左脚在前，右脚在后，两膝微屈，上身前倾，左手持球置于腹前，右臂自然下垂。发球时，左手将球在体前右侧抛起，离手 20~30 厘米。在抛球的同时，右臂向后摆动。击球时，右脚蹬地，身体重心前移，右臂伸直，以肩为轴，向前摆动到腹前，用虎口或掌根击球的后下部。随着击球动作重心的前移，迅速入场。

（2）侧面下手发球

①准备姿势：左肩对网站立，两脚左右开立，与肩同宽，两膝微屈，上身稍前倾，重心落在两脚间或稍偏右脚，左手持球置于腹前。

②抛球：左手将球抛至胸前，约离身体一臂之远。

③击球：在抛球的同时，右臂摆至右侧后下方，手指微屈而紧张，利用右脚蹬地和向左转体的力量，带动右臂向前摆动，在腹前用全掌击球的后中下部，将球击出。击球时，手臂要伸直，眼睛要看球。

（3）正面上手飘球

发球前在发球区选好位置，面对球网站立，左脚在前，右脚在后，重心落在后脚上。左手持球置于胸前，观察对方的站位布局，选定最佳落点。

发球时左手将球平稳地向右肩的前上方抛起，高度适中。在抛球的同时，右臂抬起,并屈肘后引,五指并拢,指尖朝上,手腕保持一定的紧张度。

击球时利用蹬地转体的动作带动手臂有力地向前上方挥动,重心随之移至左脚,以手掌根击球的后中下部,击球的力量要集中、迅猛,击球的作用力通过球的重心使球不旋转地向前飞行,击球结束时手臂要有突停动作。击球后,右脚随着击球动作自然前移,迅速进场。

(4)勾手大力发球

这种发球的特点是力量大、弧度平。由于球向前旋转,从而加快了球的下落速度,容易造成对方措手不及,有较强的攻击性,但是这种发球需要很好的体力,技术要求高,掌握不好容易造成发球失误。

发球前左肩对网站立,两脚开立与肩同宽,两膝微屈,重心落在脚与脚之间。双手持球于腹前。发球时,双手将球平稳地抛至头的左前上方,高约1米。在抛球的同时,右腿稍屈,重心移至右脚上,上身向右倾斜并转动,同时右臂向右后倾摆动,抬头看球。随着右腿用力蹬地,利用挺胸及转体的动作带动手臂向上挥击。

击球时迅速收胸、收腹、转体,身体的重心移至左脚上。击球的手臂要伸直,并且要协调、自然地向上作弧形摆动,击球的手掌应放松,用全掌击中球的后下部,并利用手腕的推压动作使球向前旋转。球发出后,顺势迅速进场。

2. 练习方法

(1)徒手练习。按照动作方法要领,让队员做徒手模仿练习,或做击固定球练习。

(2)抛球练习。右手持球练习向上抛起(掌心向上,平稳抛起,球不旋转)。根据发球的性能,抛球的高度和落点要合适。

(3)两人一组短距离不上网对发。

(4)抛击配合练习。近距离对墙发球,体会发球时抛球与击球的配合。

(5)上网发球。两人一组隔网对发,距离由近到远,直至发球区内。体会击球用力和动作连续性。

(6)分两组端线后发球比赛,看哪一组积分多。

(三)垫球

垫球是排球的基本技术之一,是接对手进攻性击球的主要技术动作,是组织进攻和反攻战术的基础。因此,提高垫球技术的熟练程度和运用能力,是争取胜利的重要条件。

1. 基本技术

(1)正面双手垫球

适合接速度快、弧度平、力量大、落点低的各种来球,在接发球和后排防守时广泛采用,是各项垫球技术的基础。

①准备姿势:做好准备姿势,迅速判断,及时移动,正面对准来球方向。②击球手形:两手掌根紧靠,两手手指重叠合掌互握,两拇指平行。两臂自然伸直,手腕下压,小臂外展靠拢,手腕关节以上的前臂形成一个垫击的平面。③击球动作:击球时,蹬腿提腰,含胸提肩,压腕抬臂等动作密切配合,手臂迅速插入球下,将球准确地垫在手腕以上10厘米的小臂上。击球时,两臂保持平衡固定,身体和两臂自然地随球伴送,以便控制球的落点和方向。④手臂角度:手臂角度对控制球的方向、弧度和落点有很大影响,应根据垫球距离和入射角等于反射角的原理加以调整。

正面双手垫球应掌握插、夹、提三个动作要领。插:两臂伸直,插到球下。夹:两臂夹紧,含胸收肩,用两前臂的平面击球。提:提肩送臂,身体重心随出球方向前移。垫击过程中要做好移、蹬、跟三个环节。移:快速移动,对准来球。蹬:支撑平稳,两腿蹬起。跟:随用力方向,腰紧跟。

(2)体侧垫球

来球飞向体侧而来不及移动对正来球时,要采用侧垫。侧垫时切忌随球伸臂,这样会造成球蹭手而向侧方飞出,应先用两臂到侧方截击来球。还应该注意两臂不要弯曲,以保持击球平面,否则会因手臂不直或两臂间距离太大而垫不好球。

(3)背垫

背垫就是背向出球方向击球。背垫时,要清楚出球的方向、距离。用力时,要抬头后仰,两臂伸直向后扬臂。

2. 练习方法

(1)徒手模仿。先做原地垫击模仿动作,然后做徒手移动后垫击模仿动作。

(2)垫固定球。一人双手持球于胸前,另一人原地或移动后用垫球动作击球,体会手臂击球部位和全身协调用力。

(3)两人一组,一抛一垫。两人距离由近到远,先是一人抛,一人原地垫,然后是一人抛,一人移动垫。

(4)对墙连续自垫。对墙垫时,要求手臂角度固定,用力适当,控制球的高度,用蹬腿动作发力,注意身体协调用力。

(5)转换方向垫。三人一组成三角形,一人抛球,一人变方向垫球,另一人接球或传球给抛球者,循环往复。

(6)二人相距 7~8 米,一发一垫。

(7)二人相距 5~6 米,第一次把球垂直垫起,第二次把球垫给对方,连续进行。

(8)三人一组相隔 10 米以上,一发一垫一调,做若干次轮转。

(四)传球

传球是用手指和手腕的弹力进行上手击球的技术动作,是排球最基本最原始的击球方法。在比赛中主要用于衔接防守和进攻,可广泛用于接发球、二传等。

1. 基本技术

传球的方式很多,有正面传球、背传、侧传、跳传。其技术环节可分为:准备姿势、迎球、击球点、手形、击球时的用力几个部分。

(1)双手正面传球

准备姿势:正面对准来球,两脚开立,比肩宽,一脚在前,两脚尖适当内收,脚跟稍提起,两膝稍屈。两肩放松,眼睛注视来球,两手自然弯置于胸腹前。手形:两手手指自然张开,掌心相对,手指微屈成半球状,手腕稍后仰,以拇指、食指、中指托住球的后下部,无名指和小指在两侧辅助控制传球的方向。拇指相对成一字形或八字形置于额前。

击球时的用力:传球时,利用蹬地、伸膝、展体和伸臂的动作,用拇指、食指、中指发力,无名指和小指控制住球的方向。触球的瞬间,手指和手腕应保持一定的紧张程度,用手指和手腕的弹力以及身体和手臂的协调力量将球传出,用力一定要协调一致。传球距离较近时,手指、手腕的弹力较多;传球距离较远时,必须加强蹬地展体的力量。

(2)背传

背传是传球的基本方法之一。在比赛中,使用背传技术能达到出其不意、迷惑对方的目的,使战术多样化。

准备姿势:上身比正面传球时稍直立,身体重心稳定在两脚之间,双手自然抬起,放松置于脸前。

迎球:双手上举,挺胸,掌心稍向上,手腕稍后仰。

击球点:保持在额上方。

手形:与正面传球相同,拇指托球的后下部。

击球时的用力:利用蹬地、上身后仰、挺胸、展腹、抬臂及手腕和手指的弹力将球向身体后上方送出。

（3）侧传

身体不转动，主要靠双臂向侧方伸展的传球动作叫侧传。侧传具有一定的隐蔽性。侧传的准备姿势、迎球动作与正面传球相同，击球点保持在脸前或稍偏于出球方向一侧。传球手势与正面传球相同，但是倾向出球一侧的手臂要低一些，另一侧则要高一些。用力时，蹬地后上身要向出球方向倾斜，双臂向传出一侧用力伸展，异侧手臂动作幅度较大，伸展较快。

（4）跳传

跳起在空中做传球动作叫跳传。跳传有原地跳、助跑跳、双足跳、单足跳等动作。起跳最好是向上垂直起跳，不宜向前或向侧冲跳。起跳的关键是掌握好起跳时机，起跳过早或过晚都会影响传球的质量。

起跳后双臂上摆至脸前，身体在空中保持平衡。当身体上升到最高点时，靠伸臂动作和手腕、手指的弹力将球传出。

2. 练习方法

（1）徒手模仿传球动作。做好准备姿势，蹬地、伸臂，模仿传球推击动作，领悟动作过程。

（2）体会击球点与手姿。每人一球按照传球的击球点与手形，摆在额前，然后另一人将球拿掉，看手姿是否正确，击球点位置是否合适。

（3）传球的协调用力。两人一组，持球人拿球在合适的击球点做好传球的手形，另一人用单手压着球，持球者用传球动作向上推送球，体会全身协调用力。

（4）贴墙传球。每人一球，贴墙站立，用传球手姿拿好球，肘关节贴墙，用传球动作向墙传球，体会传球手形、击球点和手指、手腕的传球用力。

（5）对墙传球。距离由近至远，体会传球用力。

（6）向上自传。个人进行，先原地传，后移动传；先传低球，后一高一低传。

（7）两人一组，一人抛球，另一人传球。先抛准球，让传球人原地传；后两侧抛球，让传球人移动传。

（8）两人对传。可以一固定，一移动，或自传一次，再传给对方等。

（9）跑动传球。三人或三人以上成纵队跑动传球。

二、排球基本战术

战术是指比赛双方运用进攻与防守的对抗，并结合临场变化，合理运用技术，有组织、有针对性地配合行动。一个球队的战术水平往往反映着该队的技术水平，因为只有全面、准确、熟练地掌握了基本技术，才可能形成战术。排球基本战术分为个人战术和集体战术两种。

（一）阵容配备

阵容配备是合理地搭配本队队员的一种组织手段。阵容配备有三种形式。

“三三”配备：由三名进攻队员和三名二传队员组成，此种形式的战术形式简单，攻击力弱，适合初学者。

“四二”配备：由两名主攻队员，两名副攻队员和两名二传队员组成。队员分别对角站立。这种阵容配备便于采用“中一二”和“边一二”进攻战术。前排始终保持两名进攻队员和一名二传队员，这样能够组织多种战术配合，充分地发挥本队的进攻力量。

“五一”配备：由一名二传队员和五名进攻队员组成。这种配备形式攻击力强，能组织多种战术体系。二传队员在前排时，能组织“中一二”“边一二”进攻战术。二传队员在后排时，可采用插上战术，保持前排三点进攻，具有一定水平的队多采用此种阵容配备。

（二）交换位置

为了解决某些轮次进攻和防守力量的搭配及阵容配备上的某些缺陷，以便有效地组织攻防战术，规则允许在发球击球后，双方队员可以在本场区内任意交换位置。交换位置的主要目的是为了充分发挥每个队员的专长，以取得扬长避短的效果。前排队员之间的换位，主要是为了便于进攻战术的实施和拦网实力的调整。前后排队员之间的换位，主要是为了保持前排三点进攻。后排队员之间换位，是为了加强后排重点部位的防守。

（三）信号联系

排球运动是一个集体项目，在实现快速多变的进攻战术时，必须通过信号联系才能统一行动。一个队的战术信息力求简单、清晰、本队队员明了。

语言联系：使用语言直接进行联系。

手势信号：通过事先约定的各种手势，进行规定的战术配合。

落点信号：根据起球后的落点，作为发动某种进攻的信号。

综合信号：以手势信号为主，辅以落点信号、语言信号以及教练员的暗示等。

（四）“自由人”

合理地选择并运用“自由人”是战术运用的一个方面。“自由人”专门接发球和后排防守，其上下场无须教练负申请，换人不计为正规换人次数，且次数不限。因此，选择接发球和后排防守技术高超的队员作为“自由人”，能大大提高全队的防守水平。“自由人”又可在当前排进攻、拦网队员体力下降需要休息，并轮到后排时替换上去，所以，合理地运用“自由人”能有效提高全队的进攻水平。

第三节 形体训练

形体训练是以身体练习为基本手段，匀称和谐地发展人体，塑造体型，培养正确优美的姿态和动作，增强体质，促进人体形态更加优美的一种运动方式。形体艺术训练则是以人体科学为基础的形体动作训练，是以提高练习者形体的灵活性和艺术表现力为目的的形体技巧训练。它既注重外在美的训练，又注重内在美的陶冶。练习者在旋律优美的乐曲伴奏下，经常性地进行形体艺术训练，可以使身心得到全面发展，有利于培养健美的体态和高雅的气质，使其形体富有艺术魅力。

形体训练内容丰富、形式多样，从运动方式来看，其训练内容分为：徒手练习、持轻器械练习、专门器械上练习三大部分。其中，徒手练习又分为：基本姿态练习、基本动作练习、把杆练习。

一、人体运动的方位与方向

（一）基本方向

人体运动的基本方向是根据人体直立时的基本方向确定的。

向前：指朝着胸部所对的方向运动。

向后：指朝着背部所对的方向运动。

向侧：指朝着肩侧所对的方向运动。

向上：指朝着动作开始时头部所对的方向运动。

向下：指朝着脚底所对的方向运动。

（二）中间方向

中间方向是指两个基本方向之间 45° 的方向，主要说明上、下肢动作的方向。

（1）前、后与上、下基本方向之间 45° 的方向构成的中间方向。

前上：手臂前举与上举之间 45° 的方向。

前下：手臂前举与下垂之间 45° 的方向。

后上：手臂后举与上举之间 45° 的方向。

后下：手臂后举与下垂之间 45° 的方向。

（2）侧与上、下基本方向之间 45° 的方向构成的中间方向。

侧上：手臂侧举与上举之间 45° 的方向。

侧下：手臂侧举与下垂之间 45° 的方向。

（3）侧与前、后基本方向之间 45° 的方向构成的中间方向。

侧前：手臂侧举与前举之间 45° 的方向。

侧后：手臂后举与下垂之间 45° 的方向。

（三）斜方向

斜方向是指两个中间方向之间的 45° 方向。

前斜上：前上与侧上之间 45° 的方向。

前斜下：前下与侧下之间 45° 的方向。

后斜上：后上与侧上之间 45° 的方向。

后斜下：后下与侧下之间 45° 的方向。

（四）四肢相对的方向

向内：指四肢由两侧向中线的运动。

向外：指四肢由中线向两侧的运动。

同向：指不同肢体向同一方向运动。

反向：指两个肢体向相反方向运动。

（五）场地的基本方位

为了准确地说明练习者在场地上的运动方向，通常把开始确定的某一边（主席台）定位为基本方位的“1 点”。按照顺时针方向，每 45° 为一个基本方位，将场地划分为 8 个基本方位。1 点——正前方；2 点——右前方；3 点——右侧方；4 点——右后方；5 点——正后方；6 点——左后方；7 点——左侧方；8 点——左前方。

二、形体训练的基本动作

形体美的基本动作是进行形体练习的基础，它在形体锻炼中起着非常重要的作用。形体基本姿态的训练，是以人体科学为基础的形体姿态训练，是对练习者身体形态进行的基础、系统的专门训练。练习者通过对身体各个部位形态的基本训练，可以适度改变身体形态的原始状态，提高形体动作的灵活性和优美性，增强站姿、坐姿、走姿及姿态动作的规范和美感。

（一）脚和腿的基本动作

1. 自然站立

站立是最基本、最重要的基本姿态，也是形态训练中最基础的内容。正确的站姿训练，可以改变练习者身体形态的原始状态，使其站立的姿态优美、端庄。动作做法：两脚跟并拢，脚尖分开大约 15~20 厘米的距离，身体重心落在两脚之间；臀部肌肉收紧，收腹立腰，挺胸，颈部伸直，抬头并略收下颌，两臂自然下垂，手略呈圆形，表情自然。

2. 开立

在进行上肢练习的过程中，大多数时间需要练习者保持两腿开立的姿势，以便稳定身体的重心。开立是在自然站立的基础上，调整两脚之间的距离。

动作做法：两脚向侧分开站立，两脚开度大约与肩同宽，脊背挺直，挺胸立腰，收腹提臀，注意身体的重心向上，且保持双肩的下沉。

3. 脚点地立

进行脚点地立的各种练习，是练习者在身体重心置于单脚时，有效地提高身体稳定性和控制力的一种锻炼方式，重点强调身体的有效控制和上肢基本姿态的保持。

动作方法：一脚站立，另一脚向前、向侧、向后伸出，脚尖点地。注意前、后点地时需要脚尖绷直、脚面朝外；侧点地时脚尖绷直、脚面朝上。

4. 芭蕾舞脚位

动作做法：

一位脚：两脚跟并拢，脚尖向外侧打开，两脚成一横线。

二位脚：两脚跟相对，左右分开相距一脚，脚尖向两侧打开成一横线。

三位脚：脚尖向外侧打开，前脚外侧与后脚内侧重叠一半站立。

四位脚：两脚尖向外侧打开，前后平行，两脚间距离约一脚。

五位脚：两脚尖向外侧打开，前后平行重叠相靠。

（二）手臂的基本动作

1. 两臂同方向的举

前举：两臂前举至水平，同肩宽，掌心向下、向上或相对。

侧举：两臂向两侧抬起至水平，掌心向上、向下或向前。

上举：两臂上举至垂直部位，掌心向前或相对。

前上举：两臂向前抬起至前上 45° 方向，掌心向上或向下。

前下举：两臂向前抬起至前下 45° 方向，掌心向上或向下。

侧上举：两臂向各自的侧方抬起至侧上 45° 方向，掌心向上或向下。

2. 两臂不同方向的举

一臂前举，另一臂前上举。

一臂前上举，另一臂后下举。

一臂侧上举，另一臂侧下举。

一臂后上举，另一臂前下举。

动作要求：所有手臂举的动作方向要正，部位要准确，手臂必须伸直，肩部要放松，身体姿势同站立动作的基本一致。

3. 芭蕾手臂的基本位置

一位：两臂于体前成弧形，掌心向内，指尖相对，手臂稍离开身体。

二位：两臂保持弧形前举，稍低于水平位置，掌心向内，指尖相对。

三位：两臂保持弧形上举，位置稍偏前，掌心向内。

四位：两臂成弧形，一臂上举，一臂前举。

五位：两臂成弧形，一臂上举，一臂侧举。

六位：两臂成弧形，一臂前举，一臂侧举。

七位：两臂成弧形侧举，掌心向前。

第六章 田径运动健身实践

第一节 健身走实践

一、健身走的兴起与演变

早期以行走为健身的运动是“手杖行走”健身，芬兰健身运动协会从1997年开始在全国推广手杖行走健身运动。其运动方法是在散步时双手各持一根与滑雪杖相似的手杖，向后支撑，大步行进。随着运动方式不断变化，人们简化运动方式，徒步健身，推动健身走运动的形成。健身走最早兴起于美国，后流行于欧美和台湾地区，中国最早流行健身走地区的是宝岛台湾，路桥蓬街的健身走运动，是台湾居民健身走运动中的一个缩影。经过一段时间流传到大陆，2010年前后，大陆健身走运动兴起。最近几年参与人数出现暴增，公园、风景区、湖边等空气新鲜、场地开阔的地方是健身走运动者锻炼的最佳场所。

（一）“健身走”运动的界定

健身走是一项户外步行运动，它是以促进身心健康为目的、讲究基本技术（身体姿态、肢体摆动、基本用力）以及速度和时间的一项运动，健身走速度和运动量大于散步但小于竞走。健身走要求在行走时保持身体躯干伸直，同时收腹、挺胸、抬头，由于健身走速度的加快相应的肘关节要自然弯曲，相互配合，同时以肩关节为轴前后自然摆臂，腿应朝前迈，脚先着地，然后是前脚掌着地，最后推离地面。健身走速度的快慢是决定锻炼效果的关键因素，通常根据不同人群可分为慢步走（70~90步/分）、中速走（90~120步/分）、快步走（120~140步/分），极快速度（140步以上/分）。

（二）健身走与暴走的区别

暴走是一种高强度又简单易行的户外运动方式，源于美国，是选定一条路线，沿着路线徒步行走，时间由一日到数日不等，是一种极佳的有氧运动方式。但暴走对运动强度、运动时间、运动速度没有明确规划，影响运动者运动效果，同时“暴走”这个名词给予运动者一种排斥感。健身走运动是一种有氧运动，它是心血管健康的保障，是在肌肉不存在氧债的情况下进行的长时间身体活动。健身走能够满足不同群体健身的需求，根据人群划分为四种运动速度：慢步走、中速走、快步走、极快速度。通过比较发现，健身走运动形式更科学。

二、健身走的作用与价值

世界卫生组织关于健康概念定义为：所谓健康，就是身体、精神、社会适应完全处于良好的状态，而不是单纯地指疾病或病弱。它涉及人的心理、社会道德方面问题，生理健康、心理健康、道德健康三方面构成健康的整体概念。

（一）健身走对身体形态的影响

杨悦对 64 名大体重大学生随机分为实验组与对照组并进行为期一年的健身走锻炼发现，实验组经过为期 1 年的健身走锻炼后，身体形态和身体机能明显优于对照组，这提示我们，经过长期的健身走锻炼可以改善大体重人群的身体形态和机能；对 168 名 60～69 岁老年人进行 12 周快步走锻炼发现：经过为期 12 周的快步走锻炼，明显改善了受试老年人的身体形态和相关指标，这提示我们，经过长期的健身走锻炼，老年人身体形态和身体机能可以得到提高和改善。

（二）健身走对身心健康的影响

翟水保对 110 名大学生随机分为实验组与对照组进行为期 12 周的健身走、健身跑锻炼发现，12 周的健身走、健身跑锻炼能明显提高大学生的心理健康水平，通过锻炼能提高实验者运动、神经系统等健康水平。高自军对心理亚健康的护士分成实验组与对照组进行为期 8 周的有氧运动的锻炼发现：实验组进行 8 周的有氧运动锻炼后护士亚健康的发生率明显低于对照组。李克对河南省委党校学员调查发现 89.3% 的学员处于亚健康状态，通过健身走可以改变学员的亚健康状态。

（三）健身走对社会适应的影响

体育锻炼能够增强人的体质。体育最基本和最重要的功能是强身健体、愉悦身心，使人们在运动中充满活力；运动者运动的目的是增进健康，同时又能改变自己的社会关系、家庭关系等。通过运动接触不同人群，改变交往方式，有利于人们适应社会；健身走给老年人带来不同的影响，参加健身走有利于建立老年人良好的心态，使老年人更加自信地面对外界环境变化，增强社会参与和社会适应能力。

三、国内外健身走发展的相关研究

（一）国内对健身走发展的相关研究

李猛在对健身走历史的发展考证中提出，在古代社会健身走就已经有了相关研究，《黄帝内经》中说："夜卧早起，广步于庭，被发缓形，以使志生。"广步就是指较长时间地走路锻炼，含有跑步的意思，《黄帝内经》明确提出了要早起早睡，进行健身走锻炼，提高人们的防病能力。现在威胁人们寿命的四大病症是心脏病、糖尿病、高血压病和癌症。从古至今长寿是人们梦寐以求的，但是人的生老病死是人的发展规律，我们不能长生不死但是可以延年益寿。如何做可以让人们延年益寿，这是当今社会的热点话题。王闯等在研究大连市健身走人群时这样描述国内健身走运动者，有的是家庭或朋友、个人等自行组织；现在随着运动人数增长，大多是呈方队出行，少则几十人多则上千人，大小方队不同；同时还要伴随音乐，根据音乐节拍走，还有技术指导员和组织者在运动方队的外围，进行安全保护；技术指导员中有些是体育社会指导员，但人数较少，这是大众体育中普遍存在的问题。王卓等对天津市居民健康快步走参与情况进行调查结果显示，有近 40% 的居民对快步走能预防高血压病、糖尿病知识有所了解。天津市参与健身走人群中男性参加率较低，凸显了天津居民参与健身走人群的性别失衡问题。

（二）国外对健身走发展的相关研究

健走在北欧是最流行的户外运动，健走是美国 Tom Rutlin 先生发明的。自 1988 年开始，Tom 即向大家展示如何用他独家设计的健走杆子，以及简单易学的技巧，得到健康人生。目前，根据世界卫生组织调查显示，2015 年人均寿命最长的国家是日本，居民平均寿命为 84 岁。专家研究发现，日本流行的运动方式是步行，这对国家公民的健康有着很大的影响。据相关资料显示，日本许多大公司设法让自己的员工多走步，在国内还举行各种徒步活动和比赛。日本人还提出了"一天步行一万步"的口号。Morris 对健身走研究发现，健身走对预防心脏病和总死亡率的降低有影响，可以治疗高血压病、间歇性跛行和肌肉骨骼等疾病，同时关注康复后心脏病发作和慢性呼吸道疾病。步行是最自然的活动和唯一的持续动态的有氧运动，除了严重残疾或非常虚弱的人，对每个人都是很平常的，同时也能维持身体健康：心血管能力和耐力运动（耐力）为身体的工作和日常生活的特殊需求提供储备；腿部的肌肉、四肢的灵活性加强；Kanade 对健身走研究得出，步行可辅助糖尿病患者的饮食和药物治疗，目的是提高身体健康，控制血糖和减少体重。国外流行的健身方法之一就是有氧锻炼，健身走就是有氧锻炼的一种。Tully 对每周 5 天在 50～65 岁的健康和参加健身走的人进行研究，发现有氧锻炼的运动负荷强度适中，而运动时间较长，可以有效地提高心血管机能和呼吸机能，促进机体的新陈代谢，并减少脂肪的积累。这些提示我们健身走能够有效地改善身体健康程度。

健身走运动不仅能够增强人们的体质，舒缓紧张情绪，还起到放松心情，释放压力，丰富人们的社会交往，缩短人与人之间的距离，增进地区的经济发展和缓解老龄化等作用。健身步道的建立促进健身走运动的发展，运动团队的成立使得健身走运动趋于规范化，增强运动者运动动机，促进健身者的健康。运动场地可以根据自己的需要进行选择，可以在公园、广场、小区、环山、环湖等。同时，健身走可以满足不同年龄、社会层次健身者的需求。在健身走运动中，年龄、职业、经济收入水平等因素的影响相对较低。健身走运动的发展及健身步道的建立，增加运动群体参与锻炼的机会和途径。让人们意识到健身不仅是改变身体的健康，更重要的是改变人们的生活态度和方式，树立健康的生活观念。从锻炼效果来看，健身走运动符合大众体育长期锻炼的行为要求，个体差异、外部环境、运动的组织形式和运动者心理状态都成为影响锻炼者的持续性因素。健身步道的建立为市民提供了良好的锻炼条件和锻炼氛围，经过长期的健身走锻炼，运动人群的身体形态和身体机能可以得到提高和改善。市民自愿加入运动，有利于增强锻炼动机。从发展趋势看，健身走运动及健身步道呈现出大众体育发展的必然趋势。综合化体现在于有机地把运动和旅游、文化、经济、社会发展融为一体；科学化体现在健身走运动的组织管理为健身走运动提供健康发展模式；户外化体现在健身走运动和健身步道的开发，让人们从室内走向户外，回归大自然。此外，健身走属于自由、简洁的运动项目，对发展群众体育的终身化意识起到积极的作用。

第二节　健身跑实践

随着我国综合国力的进步与发展，人们的生活水平和生活质量都有了不同程度的改善。同时，社会的快速发展导致人们工作压力、学习压力、生活压力逐渐增大，国民体质逐渐下降。21 世纪初，大众健身跑项目在中国的部分城市兴起并受到大众的喜爱，这一项目对经济、时间、年龄、性别没有太大的限制，给健身爱好者提供了健身的舞台。

两千多年前，古希腊的山岩上曾刻下：“如果你想强壮，跑步吧！如果你想健美，跑步吧！”健身跑属于户外健身运动项目，在锻炼的同时可以享受沿途的风景，对人们的身体、心理产生正面效果比较明显。健身跑是身体在放松自然的状态下进行的跑动，它是一切身体运动的基础。长期以来，国内外的相关学者、专家对健身跑的健身价值进行过多次研究，都认为它是促进人体健康的最佳有效途径。在欧美、日本和东南亚等国家都建立有长跑俱乐部，通过一段时间的运动研究健身跑带来的健身价值，相应的有关健身跑的文章也纷纷问世。我国现在的健身跑处于快速成长阶段，青岛“浩丰杯”半程马拉松赛、北京马拉松 ASICS 和在北京龙湾国际露营公园举行的“2014 要跑 · 24 小时城市接力赛”都无一不在宣传着健身跑。

一、健身跑的概念

健身跑是指以健身为目的，以不同的速度，不受场地、器材、气候等条件的限制，跑步者根据自身身体条件、自发进行的一项有氧健身运动项目。

二、研究方法

采用观察法、文献资料法、逻辑分析法分析有关健身跑在当今社会的发展程度及趋势，解析大众在进行健身跑过程中所达到的健身功效。

三、大众健身跑的特点

健身跑和其他的运动项目有一定的差异，健身跑没有一定的规则制度，只要迈开双腿、摆动双臂跑起来，较自由、轻松。适度的健身跑运动可以增强呼吸功能，提高人体的通气和换气能力，在运动过程中获取更多的氧气。中老年人由于受年龄的限制，大部分的运动项目不宜参加，而健身跑作为运动强度可调节性较强的项目相对较为适宜。

健身跑的动作简单，也不需要专业指导，参加健身的大众可根据自身的身体状况选择适宜的运动量。健身跑对健身爱好者的经济、场地、器材等方面的要求不高。健身跑一系列独特的特点，有利于推动全民健身计划的实施，对宣传和鼓励大众进行健身起到一定的积极作用。

四、大众健身跑的起源

（一）古代跑的起源

从古代开始跑这个概念在中国古典集中已有记载，也留下了许多耳熟能详的精彩故事，譬如“马驰不及”“夸父逐日”等。古代的跑主要用于军事训练、比赛竞技和信息传递几个方面，对健身方面关注比较少。

（二）现代健身跑的起源

国民体质呈现亚健康状况：政治经济的快速发展加剧了社会上各行各业的竞争。为了适应社会的各种变化，人们不得不承受日常生活中所带来的沉重压力。社会的发展，知识水平的提高，各种利益的冲突使人们承担更大的压力，长时间精神紧绷状态下人的身体和心理会产生一些问题。体育锻炼可以缓解精神紧张，释放压力，大众健身跑受经济条件和环境条件限制小的特点可以满足人们对健康的需求。

健身者可以根据自己的身体状况，制订一份科学的健身计划从而达到健身和保健的目的。长时间跑步可以在一定程度上改变我们的生活方式，帮助我们养成有规律的生活作息时间，还可以减少拖延行为的发生。

互相监督能够促进健身爱好者持之以恒。跑步运动是一种单一的、缺乏新意的运动项目，需要跑步者不停地迈步、摆臂，一个人跑会容易感到枯燥，难以坚持。心理专家曾说过，和许多人跑步比一个人跑步更容易让人感觉轻松和愉悦。跑步过程中会遇到一些志同道合的朋友，和他们一起锻炼可以有效地解决跑步带来的枯燥。当身体机能开始下降，同伴能够起到督促和鼓励作用。

五、概述国内外健身跑发展现状

（一）国外的发展现状

通过体育锻炼，人们认识到体育锻炼对增进健康、调节情绪、改善生活方式和延年益寿作用明显。现今，健身跑爱好者每年都在积极开展健身跑活动，世界各地呈现出“健身跑热”。20 世纪 70 年代美国由于经济的快速发展，居民的肥胖率、糖尿病发病率、高血压发病率迅速增高，这种现象引起了各界人士的关注。到目前为止，美国大约有三千万人参加健身跑，相当于 8 个人中就有一个人参加健身跑；自 1977 年开展“心脏健康之路”健身跑活动的法国一直把体育锻炼作为增强国民体质的有效途径；日本每年都会举行和组织中老年长跑比赛，还专门成立“海龟”长跑协会；俄罗斯的健身跑活动开展得也很普遍，即使在零下 28℃的条件下，人们的激情同样高涨。

（二）国内发展现状

我国群众马拉松赛事从 2010 年的 12 场到 2014 年的 46 场，可见长跑运动在中国的发展速度之快。现在都市流行一种“约跑族”，通过网络、人际关系联系起来的都市人群在空闲时间按照一定的路线一起跑步、一起锻炼。

六、大众健身跑的锻炼价值

（一）减肥效果明显

大众健身跑不同于跑步机、单独跑的效果，它侧重三个或更多的健身爱好者在户外一起跑的锻炼形式。跑是全身运动的项目，通过长时间的运动可以消耗机体大量的能量，运动中汗液的排出除了帮你消耗多余的脂肪还能有效排除体内的毒素，改善睡眠质量，增强营养物质的摄入，促进身体的全面健康。

（二）改变不良的情绪

孤独老人的数量随着经济条件的改善也在增多。长时间独处老人容易变得焦躁、不安。老年人通过健身跑接触外面的环境，与人交流改善心境状态，消除自身的孤独感，改善大脑长时间的木偶状态，进而减缓和消除激动、易怒、神经质等一系列不良情绪状态。上班族长时间、机械化的工作，较大的工作压力，潜在影响着身体的机能状态，科学锻炼，有利于缓解精神压力，短时间忘掉工作的烦恼，让身心处于放松状态。

（三）提高心肺功能

心肺功能是人体心脏泵血及肺部吸入氧气的能力，两者的能力又直接影响全身器官及肌肉活动。长时间缺乏锻炼，心肺机能下降。健身跑对提高心肺功能十分有利。体育锻炼可以增强心肌收缩力，提高心脏的摄血能力，增强呼吸系统，有利于机体对氧气的摄取和二氧化碳的排出。同时，运动过程中呼吸的加深加快，使膈肌上下移动，腹部在膈肌运动作用下不断运动，对肠胃起到一定的按摩作用，对促进胃肠的消化吸收有良好作用。

（四）有效预防疾病

合理有效地进行健身跑，使人体的免疫力能够得到一定的提高，有效地抵制外界病毒的侵袭。

（五）调节大脑的兴奋与抑制过程

健身跑可以有效地改善大脑皮质，提高神经系统的信息交换能力，促进兴奋和抑制转换，健身跑属于户外运动，接触新鲜的空气，使脑细胞得到充足的养分，改善脑功能，使人的思维能力能够保持活跃状态。

（六）增强自信心

和竞技运动不同，健身跑没有竞争、没有压力，只有快乐。和大家一起跑可以互相监督，跑不动的时候坚持下来是自信心的一种体现。

（七）促进社交，积累人脉

如今，随着生活压力的加剧，人与人的交流减少。参与健身跑可以拉近人之间的距离，结识各行各业的有志之士，从而获取更多的人脉。有网友在微博中发表，"有一种社交，不是喝酒吃饭，不是吹牛聊天，像'健身跑'那样去社交吧，培养一种共同爱好，感情才能更长远"。

自国家颁布《全民健身计划纲要》以来，社会各个角落都在响应《全民健身计划纲要》要求，积极参加到健身的行列中来，国民体质得到很大的改观。人们进行体育锻炼的途径多种多样，但健身跑是一项不分年龄段、不分性别既简单有经济的健身锻炼方式。健身爱好者可以根据自身的身体状况合理安排健身跑计划，从而达到健身的目的。

第七章　高校体育训练教学实践应用研究

第一节　足球运动在高校体育教学与训练中的作用

足球运动的历史十分悠久，在世界范围内，堪称参与人数最多、普及地域最广的竞技运动类型，有着“世界第一运动”的美誉。与其他各种运动类型相比，足球运动的特点非常鲜明，集娱乐性、健身性、竞技性、群体性、社会性、便捷性于一身。一方面，这些优势共同缔造了足球运动在全球的影响力；另一方面，这诸多优势也使得足球运动在促进人的身心健康发展方面具有显著的积极作用。在我国，足球运动起步较晚，虽然在广大高校校园内都建设有足球场地，但场地质量不高，参与运动的学生人数不多，制约了我国高校体育教学水平和质量的提高。因此，有必要研究足球运动在高校体育教育与训练中的意义和作用，提高广大高校体育教育工作者对足球运动的认识，促进足球运动在国内的推广普及。

一、足球运动在高校体育教学与训练中的作用

（一）提高大学生的心理素质和身体素质

强健大学生体魄，提高大学生心理素质是高校体育教学与训练的基本教育功能，也是各类体育运动教学的基本导向。足球运动作为一项运动强度大、竞技性和技术性强的运动，在锻炼提升大学生的身体素质和心理素质方面都具有良好的作用。第一，足球运动场地开阔，标准的足球运动场地长 90～120 米，宽 45～90 米，踢足球的人要在大面积的场地之中长时间奔跑、对抗，对体力的要求很高，经常进行足球运动和训练，自然能够高强度地锻炼学生的身体。第二，足球运动对运动技术的要求很高。众所周知，人的上肢灵活性要远远超过下肢，因此，很多技术性运动都是以人的上半身，尤其是以双手、手臂为运动核心的，如羽毛球、乒乓球、排球、篮球等，而足球运动的一大特征就是以人的下半身，主要是以双腿、双脚为运动核心，因此，足球运动技术的训练对人的身体协调性、柔韧性要求比一般运动更高，更有助于锻炼人的身体。第三，足球运动是一种竞技性很强的运动，在进行比赛的过程中，参与者必须克服身体疲劳的压力，奋力拼搏，还要面对各种比赛中的变数和不利局面，自我调整

心态和情绪，这就能够有效促进运动者心理素质的提升。

（二）培养大学生的科学思维方式和创造力

科学的思维方式是正确认识事物的前提，也是形成科学世界观的重要基础，创造力是人类个体智力和实践能力的集中体现，是推动社会进步的重要元素。在信息时代和知识经济时代到来的今天，科学思维方式和创造力是高素质人才必须具备的能力，大学生是我国高素质人才的储备军，培养其科学思维方式和创造力是现代高等教育的必然要求。足球运动是一项集体性、竞技性的运动，而这两大特点恰恰能够培养大学生的科学思维方式和创造力。第一，足球运动作为一项集体性运动，运动场地广阔、团队配合性强，这就要求参与者必须不断思考、判断整个足球赛场上整体与部分之间、各要素之间必然和偶然、相对和绝对、局部和整体之间的关系，大学生通过足球运动和训练，可以在头脑中形成整体、普遍联系和发展的科学观念；第二，足球运动的技巧性和竞技性都大大增加了高水平足球运动对参与者创造性的要求，在22人进行对抗的赛场上，如何“排兵布阵”“调兵遣将”，如何控场、传球、过人、突破，掌握赛场的节奏和主动权，不仅需要高超的运动技巧，还需要对足球运动规律的深刻理解和战略战术的奇思妙想，这就需要大学生充分发挥自己的聪明才智，从而提升其创造性。

（三）培养大学生的道德情操

高尚的道德情操是指人们自身有了良好的修养后，对某一事物表现出或做出有价值、有意义、有品德的某种认识和行为。作为“新时代”的大学生，培养高尚的道德情操不仅是确保大学生成人成才的重要保障，也是大学生赢得未来人生发展的基石。在高校中接受足球运动教育，对培养大学生的道德情操具有重要作用。第一，尊重规则。中国传统社会是非常注重“人情”的社会，公共规则常常让位于人际关系，受此影响，很多大学生也表现出规则意识薄弱，重视搞人际关系的错误价值观。足球运动是一项规则严格的运动，在进行足球比赛的过程中，参与者必须严格遵守运动规则，否则就将受到惩罚，甚至取消比赛资格，这就会让大学生树立起尊重规则、遵守规则的意识。第二，足球运动是一项集体性运动，需要不同位置的队员各司其职、协同配合，如果队员中有个人主义、英雄主义思想，只想当“红花”，不愿做“绿叶”，就难以取得比赛胜利的，这能够培养大学生的集体主义精神和协同配合意识。

二、发挥足球运动在高校体育教学与训练中作用的策略

（一）注重培养大学生的足球运动兴趣

人们常说“兴趣是最好的老师”，这句话也适用于足球运动教学。当大学生对足球运动拥有了强烈的兴趣时，不仅能够让体育课堂教学事半功倍，也有利于大学生课后积极参与足球运动，进而从整体上提高体育教学的成效，因此，要发挥出足球运动在高校体育教学与训练中的作用，体育教师就要把培养大学生的足球运动兴趣摆在突出位置。第一，体育教师在课堂教学中要更新教学理念，转变自身角色，摒弃以往以教师为中心的课堂教学方式，充分尊重学生在课堂教学中的主体地位，围绕大学生的身心发展特点和个性特征来组织教学活动；第二，体育教师要善于运用游戏教学法，通过丰富多彩、灵活多样的游戏来增强足球教学的趣味性，让大学生在轻松快乐的课堂氛围中体会足球运动的魅力，从而喜欢上足球运动。

（二）在足球运动教学中渗透人文教育

相较于其他体育运动类型，足球运动之所以在高校体育教学与训练中拥有更加重要的地位，除了其运动形式以外，更关键的是其便于体现更多的人文教育元素，有利于彰显人文教育在体育运动教学中的意义和价值，达到促进大学生全面发展的目的。因此，高校体育教师在进行足球运动教学的时候，就要高度重视人文教育的渗透，最大化足球运动教学的教育功能。第一，体育教师在课堂教学过程中，要避免一味讲授足球运动的知识，一味训练足球运动技能的倾向，要随时随地把遵守规则、奋进拼搏、协同配合、自我突破、集体主义等精神理念融入到各个课堂教学环节之中，让大学生在潜移默化中提高自身的综合素质；第二，体育教师要注重与大学生之间建立平等、民主、和谐的师生关系，及时解答他们在足球运动中遇到的问题和困惑，当大学生在足球竞技对抗中遇到不良心理和思想倾向时要给予纾解和指导。

（三）善于应用信息化教学手段

进入21世纪以来，以电子技术和通信技术为代表的信息技术渗入到社会生产和民众生活的方方面面，也为教育领域带来了巨大的变革。高校体育教师应当顺应时代的发展，积极主动地将信息技术应用于日常足球运动教学之中，增强足球运动课堂教学的丰富性，同时让教学更贴近大学生生活，增强足球运动对大学生的影响力。第一，教师要熟练掌握多媒体工具的使用方法，并能将其恰当运用在足球运动教学之中；第二，教师要多运用移动社交软件等新兴交流沟通工具，加强与学生的交流互动，运用碎片化教学手段，让大学生在潜移默化之中增加足球运动知识，培养学生对

足球运动的兴趣。

搞好高校足球运动教学，不仅能促进大学生的身心健康发展，还有利于提升大学生的综合素质，促进其全面发展。高校体育教师应当以高度的责任感，不断创新教学方法，丰富教学手段，开创高校足球运动教育的新局面。

第二节　素质拓展训练在高校体育教学中的应用

素质拓展训练起源于欧洲国家，将户外场地作为训练的主要场所。这一过程中，可以采用典型活动、趣味化活动，为参与活动人员提供更加优越的亲身体验，实现提高身体素质、心理素质的目的。另外，素质拓展训练便于学生发现自身的潜能，强化其团队意识、综合素质。因此，高校体育教学中应该加大对素质拓展训练的重视，实现对学生综合素质的提升，践行新课程改革对素质教育的要求。

一、素质拓展训练在高校体育教学中的应用意义

在当前的体育教学中，融入素质拓展训练具有多方面的作用。具体而言，主要表现在以下几方面：①优化体育教学的模式。开展素质拓展训练，需要将学生的需求作为核心，制订相应的教学计划、方案，从而不断提高教学质量。因此，可以在根本上彰显学生的主体地位，符合新课程改革的理念、要求，便于对传统的体育教学模式进行优化，提高学生体育方面的核心素养。②促进学生的全面发展。高校的体育教学以学生全面发展、职业能力等方面的需求为核心。因此，教师需要根据岗位的实际情况，对教学方案进行针对性设计，以此来为其他学科的教学服务，实现企业岗位、体育教学之间的衔接。不仅如此，还有利于培养学生的就业观、世界观、价值观等，为学生的稳定发展夯实基础。

二、素质拓展训练在高校体育教学中的应用现状

在高校的体育教学中，虽然已经将素质拓展训练应用在其中，但是，因为多方面因素的影响，教学效果并不理想。其中，素质拓展训练在高校体育教学中的应用现状主要包含以下几点：①课程体系不完善。由于缺乏素质拓展训练方面的经验，教师无法合理设计课程的内容，同时评价方式不能得到有效的调整。因此，现行的课程体系并不能为教学提供依据。②身心素质训练不科学。素质拓展训练不仅仅包含单一的身体素质，或者单一的心理素质。但是，因为素质拓展训练的体系不健全，导致体育教学的存在片面性，无法对学生的身心素质进行综合培养。③拓展训练的方式传统。在体育教学中，拓展训练通常由教师组织学生进行野外活动，这种方式十分传

统,无法充分调动学生的积极性,影响素质拓展训练的有效性。④缺乏安全教育。对于素质拓展训练而言,安全教育是其中重点的内容之一,直接影响着学生对安全的认识。不过部分体育教师忽视安全教育,增加了素质拓展训练期间的风险。

三、素质拓展训练在高校体育教学中的应用路径

(一)积极完善素质拓展训练的课程体系

对于素质拓展训练而言,其教学方式多种多样。因此,教师在安排课程内容的过程中,应该尽可能围绕学生的兴趣,增强教学内容的多元化程度。为了实现这一目标,教师必须对素质拓展训练的课程体系进行完善。例如,对体育教学中素质拓展课程进行合理的分类,即团队协作类、人际沟通类、个人挑战类等。基于此,教师可以结合课程的进度,对选择不同的拓展训练类型,然后对教学内容进行合理的确定。同时,教师还应结合课程的分类,明确每一次课程的教学目标,从而有目的地进行教学,推动课程顺利进行。采用此种方式进行教学,可以培养大学生在沟通、合作等方面的素质,强化学生的自信心,为学生的综合发展铺平道路。简言之,在开展素质拓展训练的过程中,对课程体系进行完善不仅是顺应新课程改革的重要举措,更能够为学生提供因地制宜、因材施教的教学与训练。

(二)重视对大学生的身体素质进行训练

从素质拓展训练的表面进行分析,增强学生的身体素质是主要的目标之一。只有这样,才能够更好地迎接学习、工作中的挑战。同时,还能够引导学生形成健康锻炼、终身锻炼的意识与良好习惯。为了实现身体素质训练的目的,教师应该综合考虑学生身体素质方面的差异,制订科学有效的拓展训练计划。例如,对于身体素质相对较差的学生而言,教师应该践行循序渐进的原则,并为学生营造一个和谐的情景氛围。采用此种方式,可以避免学生出现厌学的不良心理,正确面对拓展训练的压力,从而不断提升体育教学的效果。另外,教师还可以利用团队协作类的教学内容,鼓励学生之间互帮互助,采用“帮扶制”进行教学,避免出现学生掉队的现象。

(三)积极对大学生的心理素质进行锻炼

心理素质训练是体育教学中素质拓展训练的主要内容,更是身心素质的关键构成部分。因此,教师在重视身体素质训练的过程中,还应该加大对心理素质教学的重视。在这一过程中,教师应该对学生进行心理诊断,然后采用素质拓展训练的方式解决学生的心理问题。例如,对于学生自卑、自我怀疑等不健康的心理,教师可以采用

示范、开导的方式进行处理，并结合学生的能力设置训练内容，从而增强其自信心。另外，教师应该对学生的自我调节能力进行培养，即对身心状态进行培养。同时，还应该对学生的心理变化规律进行分析、掌握，并对学生进行心理方面的干预。例如，引导学生进行表象训练、调整呼吸、渐进肌肉放松、自我暗示、模拟训练等，增强学生心态的稳定性。

（四）通过赛事的方式实现素质拓展训练

传统的户外拓展训练方式，虽然可以实现简单的教学目标，但如果一直采用此种方式，将会影响学生的积极性。对此，教师可以定期举办与素质拓展训练相关的赛事，为学生提供发展、展现自身特长的空间。基于此，不仅能够实现对传统教学方式的创新，还能够对教学资源的不足进行弥补，进一步提高学生的综合素质。另外，由于学生个体之间的差异十分明显，通过赛事便于学生认识到自身的优势、不足，意识到取长补短的重要性。不仅如此，赛事还可以强化学生的责任意识、团结精神、合作能力，从而促进学生全面发展。因此，教师必须加大对赛事的重视，深化素质拓展训练的重要意义，为学生的稳定发展提供基本保障，增强高校体育课程教学的质量、效率。

（五）素质拓展训练中需要融入安全教育

在体育教学中融入素质拓展训练内容，需要教师加大对安全教育的重视，从而可以对学生的思想意识产生潜移默化的影响。具体而言，教师可以在素质拓展训练的过程中，做好安全隐患、训练形式、训练时间等要素的管理。在正式进行拓展训练之前，保证学生明确掌握本次课程的内容、目标以及训练要求，然后依据课程的规范要求进行训练。采用此种方式，可以对学生秩序意识、纪律意识进行强化。在诸多大学生中，存在部分寻求刺激的学生，教师必须加大对这部分学生的关注，积极做好危险动作、自然风险等方面的安全教育，引导学生在训练中可以实现自我保护。由此可以发现，在素质拓展训练期间，对学生进行安全教育具有较强的必要性，与课程的质量和效率、学生的身体安全有着紧密关系。

综上所述，素质拓展训练在高校体育教学中的应用有着多方面的意义，需要得到高校的重视。但是，当前的素质拓展训练并没有达到理想效果。所以，高校必须结合学生的特点、体育教学实际等，对素质拓展训练的教学方式进行调整、优化，丰富日常体育的形式，从而不断激发学生的兴趣，调动其日常学习、训练的主观能动性。长此以往，便可以彰显素质拓展训练的作用，为学生日后的综合发展铺平道路。

第三节　表象训练法在高校体育舞蹈教学中的应用

高校体育舞蹈是一种创新型、高效用的体育活动。近些年,高校体育舞蹈教学各项机制的持续不断完善使得高校体育教师开始重视体育舞蹈教学的重要性。高校体育教学各项机制的持续不断完善使得高校体育舞蹈教学方式逐渐开始向多样化方向发展。在高校体育舞蹈教学中使用表象训练法能够提升广大学生综合审美水平,加深学生之间的交流和友谊,使得广大学生能够深入体会到体育舞蹈带来的各种乐趣。另外,还能够把高校体育舞蹈中的服饰美与动作美充分地表现出来。

一、高校体育舞蹈教学的必要性

高校体育舞蹈不仅能够有效提升学生身体与心理素质水平,还能够让学生身心得到放松。高校体育舞蹈还能够起到良好的减肥作用,使得学生身体能够健康成长。

二、表象训练法的教学优势

表象训练法是一种创新型、高效用教学方法。近些年,随着高校体育舞蹈教学各项发展机制的持续不断完善,越来越多人开始重视表象训练法的应用。表象训练法通常是对自己在脑海中形成的各种运动进行科学、合理的整理与创造,使得高校体育教师做的各项体育舞蹈动作能够在学生脑海中反复出现,学生在进行舞蹈训练过程中高校体育教师应该对学生的各项舞蹈动作进行及时指导,从而让学生能够对舞蹈有一个深入、全面的认识,只有对舞蹈有了深刻的认识,学生才能够更好地去练习舞蹈,从而提升广大学生气质水平。与此同时,表象训练法在某种程度上还具有巩固记忆的效果,在练习完舞蹈之后学生脑海中会浮现出来各种标准、规范的舞蹈动作。另外,学生还应该对各种细节和技巧进行全面分析,只有这样才能够进一步加深对舞蹈动作的各种印象。除此之外,表象训练法在某种程度上还能够进一步推动舞蹈动作的创新。通常情况下,学生在练习舞蹈过程中一般都会对各种舞蹈动作进行认真模仿,在练习过程中会逐步学习到更多舞蹈方面的知识。当然,在舞蹈练习过程中教师也发挥着举足轻重的重要作用,在练习舞蹈过程中伴随着各种动作的熟练,广大学生也会对舞蹈产生更多新的认识,通过舞蹈练习过程中的日常总结能够在短时间内完成各项舞蹈动作的创新。并且有效培养广大学生整体感官与感悟能力,让学生能够对舞蹈动作有一个更加深刻的印象,从而更好地去锻炼身体。

三、表象训练法在高校体育舞蹈教学中的应用

（一）舞蹈方法设计

1. 掌握动作

高校体育舞蹈教学是一项纷繁复杂的综合性工作。教师教学时要综合其他各方面因素去考虑和分析，通过科学、合理的方法来提升广大学生舞蹈水平。教学过程中常常发现很多学生对舞蹈动作并不是非常熟悉，教师要深入了解每个学生学习舞蹈的特点，给学生播放与舞蹈相关的各种录像，让更多学生对舞蹈动作有深入、全面的认识。学生练习舞蹈底子有很大差异，对舞蹈动作不规范的学生教师可以作示范，把动作重点详细说明，有效规范学生的动作。此外，教师还应该合理安排学生进行合作学习，通过对练让更多学生意识到自己的不足，然后改正。观看舞蹈录像能够让学生对舞蹈有更加直观、深入的认识，对各种动作学习有帮助。

2. 提升动作

教师应全面、深入了解各项动作，并传授给学生，广大学生了解各项动作后才会产生兴趣，会更主动地学习，提升动作质量、整个舞蹈的流畅性与熟练程度，要让学生自己在脑海中对各项舞蹈动作进行全面分析，提升动作印象。此外，还要提升学生间的配合与默契。

（二）表象训练法的实施

1. 掌握音乐节奏

音乐和舞蹈两者之间联系非常密切。单纯的舞蹈不易激发学生学习的兴趣，其积极性和主动性会下降很多。教师可通过播放音乐的方式来让更多学生对舞蹈练习产生节奏感。

2. 教师间接指导

在教学过程中，舞蹈教师扮演着非常重要的角色，其指导能够帮助学生解决各种问题。探戈舞蹈是双人舞蹈，节奏大概是 2/4 节拍，整体抑扬顿挫感非常强。在教学过程中要播放与此相关的音乐，只有具备音乐节奏感的舞蹈才能够激发广大学生学习的积极性和主动性。学生跟随着节奏感才能把各项交叉、踢腿与跳跃各项动作做到位，整个舞蹈动作节奏感会更加流畅。让身体和整个音乐进行充分地结合起来，把舞蹈的价值充分体现出来，在某种程度上能够让学生对舞蹈产生更深刻的认识，在短时间内掌握各项舞蹈动作。

（三）高校舞蹈教学实例

以狐步舞蹈教学为例，在教学过程中，高校舞蹈教师应让更多学生意识到狐步舞蹈是一种流动感非常强烈的舞蹈，舞步的衔接非常重要。每个舞步衔接都要圆润流利，舞蹈步子也要合理，中间最好不要有停顿。在跳舞蹈过程中脚步也要更加灵活，脚步每个位置的摆放、技巧、倾斜与反身动作都要掌握清楚。这种舞蹈一般都会被应用到很多结婚典礼或者其他重要社交场合当中，稳定的舞蹈技巧在某种程度上能够让学生产生浓厚的兴趣。除此之外，舞伴也是非常重要的。脚步要轻轻刷过地面，一定不要太重，以免给舞伴带来很大压力，让舞伴跟不上节奏。在舞蹈过程中双脚一定要保持平行。狐步舞和探戈舞两者之间存在很大差异，狐步舞一般情况下不需要进行交叉，整个倾斜度也应处于正确位置，如果过分倾斜在某种程度上将会造成摔倒，倾斜不到位的话舞蹈就会显得不美观，因此，学习舞蹈的广大学生一定要记住舞蹈的各项要点。

第四节 循环训练在高校体育教学的应用

循环训练是体育教学中的一种新型教学方法，不仅可以让学生有效提升自身身体素质，还能够让教师提升教学水平。相比以往的体育教学方法，循环训练方法可以让学生循环渐进地进行体育训练，与学生自身需求也极为相符，以此提升体育教学质量。

一、循环训练在高校体育教学的作用

（一）提升学生综合能力

高校在开展循环训练教学的同时着重培养学生的身体状态，让学生能够有着一个好的身体素质是保障体育教学的基础，更是提升学生体育水平和体育能力的重要基础。在体育教学开展过程中，教师可通过循环训练的方式来保障学生的身体各项机能运转，以此提升学生的免疫能力和抵抗能力。对于体育教学来说，它能够提升学生的综合素质，更是学生成长的重要部分。因此，学生身体素质的提升在某种程度上也是提升了学生的综合能力。

（二）激发学生学习兴趣

循环训练方法在体育教学中具有独特性、有效性、灵活性的特征。因此，高校开展体育教学时循环训练法得到了教师的喜爱和应用。教师应用循环训练法不仅能够

提升学生学习兴趣，还能够让学生积极地进行体育训练，让学生能够主动参与到体育教学活动当中，以此提升学生综合能力和训练水平。循环训练对于我国体育教学来说还是一个新型的教学方法，处于初步应用阶段，但其具有非常大的训练价值和应用优势，对帮助学生练习体育技能、提升学习兴趣、丰富学习内容具有非常重要的作用，其中，新颖的教学方法与学生学习兴趣极为相符，能够确保学生在兴趣的带领下认真训练。就体育运动中的田径运动来看，由于运动员每日训练消耗量过大，如若不能够具备良好的力量素质，那么对运动员日后比赛一定会产生一些影响。因此，可以使用循环训练方法来完善田径训练计划，让学生的训练更具有持久性。在素质教育的背景下，高校应积极培养学生的综合能力，不仅需要提升学生文化知识水平，更应该着重提升学生的综合能力，以此实现人才培养的发展目标。

二、循环训练在高校体育教学的应用策略和原则

（一）提升学生综合能力

循环训练教学与其他教学方法有所不同，可以由教师自主规划，让学生在负荷较大的运动训练中培养意志力和忍耐力。长此以往，必将激发出学生身体内的各项潜能，由此提高学生的综合能力。需要注意的是循环训练法教学开展必须要由易到难，在教学初期需要学生不间断地进行训练，不规定学生训练时间；在教学中期需要不中断地进行训练，但教师可以限定学生的训练时间，让学生能够在训练时具有紧迫感；在教学后期教师需要增大学生训练难度，让学生不仅要在规定的时间内完成任务，更要保障训练质量能够达标。

（二）做好教学设计准备

教师在循环训练法的教学过程中可以让学生根据程序进行训练，在每一个环节中都能够休息一段时间。这种循环训练方式可以帮助学生进行反复训练，虽然间歇时间较长，但对提升学生速度、耐力、力量却极为有效。这种新型教学模式在极大程度上帮助学生完善自身体能训练，让学生身体的各项素质都能得到有效发挥。体育教学开展循环训练方法需要提前做好教学设计准备，明确学生的训练内容和训练路线，让教师在清晰的教学目的下充分了解学生当前学习情况和学习需求。一般来说，学生的体育基础训练应将学生身体特点放在教学首要位置，通过上臂训练、肩部训练、背部训练、腹部训练、腿部训练来达到综合能力提升的目标。

第五节　分层优化教学在高校体育训练中的应用

高校是一个培养学生进行全面发展的重要教学场所，由于我国传统应试教学思路的影响，导致一些学生在中学阶段背负了较大的学习压力，进而忽视了体育方面的训练，在高校开展高质量的体育教学引导，其意义尤为重要。在调查中发现，传统的体育教学过程中，教师所采取的主要是“一刀切”式的教学方法，对我国现阶段的体育教学要求，难以进行合理满足，所以改善传统教学思路，在高校体育课堂上引入分层优化的训练措施，对高校体育教学质量的提升大有裨益，这一点，无论是一线教职人员，还是高校管理人员，都应该给予相应的重视。

一、分层优化教学的相关概念

分层优化教学内容，主要就是教师在教学过程中，根据学生现有的能力水平、发展潜力，对其进行科学化的划分，在课堂上形成几组各自水平接近的练习群体，并在教学过程中，给予区别对待，这些群体可以在教师恰当的分层策略中，得到有效的发展与提升。在调查中发现，对于这种教学方法的应用，其主要是根据学生的实际学习表现以及在以往测验中取得的成绩来划分成不同水平的班组，教师根据各个班组的实际训练水平，对其展开引导性的教学。在高校体育训练的过程中，教师除了要对学生的身体素质、体育知识的掌握技能进行了解外，还应该将学生分成若干训练小组，并在课堂上，对其展开具有针对性的教学引导，切实提升学生的整体运动素质。

二、在高校体育训练中实施分层优化教学的必要性

在体育课堂上，教学内容对于学生身体素质有着比较严格的要求，且不同运动项目，对于学员的身体形态要求也有所不同。传统的训练方法中，教师只是按照统一的教案，采取相同的教学内容，尽管能够完成高校体育教学任务，但是也会导致一些身体素质好、掌握技术动作快的学生，对于授课内容的兴趣不是很大，对于那些身体素质较差、掌握技术动作慢的学生，这可能会觉得训练内容过于复杂，进而对体育训练产生厌倦的情绪，这种情况会进一步加大学生间两极分化的问题。

分层优化的教学内容，是在满足高校体育教学大纲，以及相关技术要求的基础上，针对大学生个体间的差异性，形成的一种多元化教学模式。这种教学手段，主要从学生的实际情况出发，并在训练设计、训练内容和训练目标上，构成了层层递进的教学思路，帮助学生达到预期的训练目标。

三、在高校体育训练中应用分层优化教学时需要避开的误区

（一）忽略课程总体目标

在高校体育教学训练的过程中，课程总体目标不仅仅是引导学生体育训练的主要依据，同时也是整个体育训练的关键点。对课程总体目标熟练地掌握，并划分出相应的训练层次，是开展分层优化教学的基础。所以，不同层次的划分，要将总体目标设定为关键基础，根据学生的不同特点，来划分出不同的层次。但是在调查中发现，部分高校体育教师，对于分层优化教学的理解过于表面化，忽视了课程总体教学目标所发挥的作用，导致分层目标与总体目标产生了出入与冲突，这对于整体训练效果的提升极为不利。

（二）忽视学生个体差异

在高校体育训练过程中，学生是教学主体，对学生的实际状况进行详细的掌握，是教师需要做的一项重要内容。在实际了解中发现，教师可能对学生参与体育训练的关键性信息进行了掌握，但是像年龄、体智水平和性格爱好等内容，却缺乏深入的了解，这就导致教师在组织分层教学设计的时候，对于学生的实际学习表现，未能展开更为深入的分析。所以，要想使分层优化教学措施得到更为有效的作用，教师还应该对学生的不同特点，在训练进度、训练层次上，展开具有针对性的划分，使教学质量更上一个台阶。

（三）训练层次划分混乱

在训练层次的划分上，教师尤其需要重视划分的内容性，不能一味地按照主观化的教学意识，这样很可能会导致整个训练层次的划分出现混乱的状况。在划分上，要将其作为提升整体训练效果的一种手段，并不是在班级上对学生进行优劣区分，对各个层次的学生，教师都应该做到一视同仁。还有，在进行分层优化训练的过程中，教师要对各个学生的优缺点进行深入的掌握，帮助每一位学生，找到其进步的空间，使其能够朝着更为综合化、纵向化的方向发展，并且使各个层次之间具有衔接性。

四、在高校体育训练中实施分层优化教学的原则

（一）区别对待的原则

区别对待的教学原则，不仅仅是分层优化训练的教学实践基础，同时也是执行分层优化训练的基本原则。针对不同学生，教师要设计出不同的训练方法，对不同学生

对同一内容所产生的不同理解，以及不同训练环境会对学生带来的不同影响，教师都应该给予重视，使教与学的内容达到高度统一，令每个学生都能够获得相应的满足感与成就感，确保训练效果的最大化。

（二）循序渐进的原则

循序渐进的教学原则，主要是根据学生的身体、心理机能等方面的变化规律，做出相应的教学引导。在施行分层优化教学策略的时候，教师需要投入相应的精力与时间，结合学生的实际情况，对课程的安排，采取由简到繁、由易到难的教学原则，并尽可能衔接前后知识点。与此同时，考虑到课程与课程之间具有相互连接的特点，教师还应该帮助学生在掌握动作技能后，进行相应的知识迁移。

五、高校体育训练中实施分层优化的具体措施

（一）根据学生间的差异进行合理分层

在高校体育教学训练过程中，要想使分层优化措施发挥出相应的作用，教师首先需要根据学生的能力、性格、身体素质以及对技术的理解能力，将班级内的学生，分为不同层次的训练群体，并且在完成分层后，教师应对各个层次的学生，展开详细的了解与分析，做好记录工作，面向差异来进行合理化的教学。

（二）按照不同训练阶段优化目标分层

优化训练阶段的内容，是实现课程效果的指路灯，同时也是新课程体系对课程设计所提出的相关要求。根据不同训练阶段，优化目标分层工作，可以让学生通过自己的努力，获得成功的满足感，进而使那些综合能力较弱的学生取得进步，也使那些综合能力较强的学生，变得更强。

（三）在训练中设计多角度的学习评价

在体育训练过程中，学习评价仍旧是一项不可或缺的内容。体育训练过程的本质性，主要包含认知与实践两方面的内容，所以在训练过程中，学生的学习态度、情意表现等与训练目标的要求是否贴切，也是新课程改革背景下，教师需要注意的一些评价性问题。在具体实施的过程中，可以从多角度、多元化的方向入手，对分层优化训练的重要环节，给予相应的重视。

总之，在高校体育训练教学过程中，对于分层优化教学手段，教师不妨结合学生的实际学习表现，做出切实的教学引导，深化学生的实际学习能力，为高校体育教育质量的发展，作出相应的贡献。

第六节　户外运动训练在高校体育教学中的应用

具有很强趣味性的户外运动训练是对高校学生的一项挑战，其课程设计内容丰富，包含了野外、水上等训练形式。跳水、游泳、划艇等是水上训练的内容，户外生存技能、登山攀岩等是野外训练的内容，高架绳网等是场地训练的内容。本节主要针对在高校体育教学中开展户外运动训练的应用进行探究。

一、户外运动训练在高校体育教学中开展的意义

户外运动训练的开展紧密地连接了学校与自然，不仅达到强身健体的作用，更使学生的社交能力和竞争意识得到良好培养，增强了学生对困难挑战的信心。学生可以参与到集体活动中，与自然的接触时间增加，与同学的相互帮助增强了团队意识，沟通协调能力得以提升。

二、高校体育教学实施户外运动训练的策略

（一）加强户外训练的师资建设

对学生来说户外运动训练是一项十分重要的考验，为了能够取得良好的训练效果，必须加强专业的师资队伍建设。体育教师应当根据户外运动训练课程的内容进行合理设计，通过自身具备的教学实施能力以身作则为学生进行示范。由于当前多数高校体育教师没有充足的户外运动训练经验，对训练的了解也不够，因此必须集中培训教师。体育教师应当将基本的理论知识、项目内容、训练过程熟练掌握，结合学生特点，将户外运动训练与体育教学结合，确保学生能够得到真正锻炼并使训练顺利开展。

（二）因地制宜对户外运动形式进行合理选择

体育教师应当根据高校学生的运动兴趣，在正式开展户外运动训练前，向学生介绍相关的知识，使其能够掌握户外运动的基本技能。之后可以根据现有的体育条件，因地制宜对户外运动的形式进行合理选择，使学生能以轻松的心情投入到户外运动中。体育教师应当将户外运动的各种训练知识向学生详细讲解，使其掌握相关技能、了解注意事项，保证户外运动训练的安全性。同时高校应当对学生群体的情况进行深入调查，掌握学生对户外运动训练的认知与认可程度，结合其实际情况完善相关课程，使学生能够对户外运动的重要性和意义真正了解，从而积极参与到训练当中。

（三）教学方式的合理采用

体育教师在户外运动训练的理论教学过程中，可以利用视频将户外运动的流程向学生展示；或是将枯燥单一的理论学习转为师生讨论，使教学方式更加生动有趣；或是通过信息技术将定向越野比赛、公开赛等户外运动赛事给学生播放并为其详细解说，使学生对理论知识有更深入的理解。同时可以让学生结合自身的兴趣爱好与身体素质，对户外运动的训练项目自行选择，通过学习掌握体育知识、技能，使训练过程变得更加具备科学与针对性。另外高校之间可以加强合作力度，不同院校之间可以联合开展户外运动训练的组织活动，共同研究教学课程，学校之间还可以开展活动竞赛使学生的户外运动训练内容更加丰富。

（四）户外运动训练的安全管理

由于户外运动具有风险，学生进行训练时会面临很多危险因素，因此必须对训练过程中的安全问题提高警惕，避免发生意外。对训练项目进行设计时，应当将可能存在的安全隐患综合考虑，具有复杂地貌的训练地点不可以选择。体育教师将踩点工作提前做好，并认真开展安全检查，对训练中易出现危险的地方掌握提前预防；进行训练之前体育教师提醒学生注意安全，在训练阶段将监督管理工作加强。高校根据这些特点可以专门设置管理机构，为使训练能够有序开展实行一级管理体制。

（五）训练经费的保障

虽然户外运动训练的开展所需资金不多，但是高校依然应当根据训练项目和使用器材投入必要的启动资金。对于户外场地项目，条件具备的学校可以拓展水上和野外项目，确定项目后采购相应的训练器材。在对教学不影响的情况下，可以对外开放训练基地，不仅可以为群众提供服务，还能够将投入资金回收，为今后离开展户外运动训练所需资金提供保障。

综上所述，在高校体育教学中实施户外运动训练，对学生的全面发展和改革创新体育课程体系极为有利，使体育课程具有更加丰富的内容，同时拓展了体育课程的空间。具备实用性和趣味性的体育课程将充分发挥体育教学的作用，因此高校应当对让户外运动训练更加重视，增强学生的体能和心理素质，达成高校体育教学的目的。

参 考 文 献

[1]曲宗湖,杨文轩.学校体育教学探究[M].北京:人民体育出版社.2000.

[2]李元伟.科技与体育:关于新世纪体育科学技术发展问题[J].中国体育科技,2002,38(6):3-8,19.

[3]徐本立.运动训练学[M].济南:山东教育出版社,1990:228.

[4]王智慧,王国艳.体育科技与体育伦理辨析[J].体育文化导刊,2016(6):146-148.

[5]曹庆雷,李小兰.前沿科技与体育[J].山东体育科技,2004,26(1):37-38.

[6]董传升.“科技奥运”的困境与消解[M].沈阳:东北大学出版社,2004:15.

[7]张朋,阿英嘎.科技与体育的对话:利弊述评[J].福建体育科技,2015,34(4):1-3.

[8]谢丽.从奥运会比赛成绩看运动器材的变化[J].体育文史(北京),2000(4):52-53.

[9]杜利军.奥林匹克运动与现代科学技术[J].中国体育科技,2001(3):6.

[10]于涛.从哲学角度再认识身体对揭示体育本质的意义[J].上海体育学院学报,2008(3):18-20.

[11]张洪潭.体育的概念、术语、定义之解说立论[J].西安体育学院学报,2006(4):1-6.

[12]张庭华.走出体育语言:从语言学界的共识看媒体体育语言现象[J].体育文化导刊,2007(7):50-53.

[13]黄聚云.从哲学角度再认识身体对揭示体育本质的意义[J].2008(1):1-8.

[14]萨丕尔.语言论[M].北京:商务印书馆,1985.

[15]于涛.体育哲学研究[M].北京:北京体育大学出版社,2009.

[16]董文秀.体育英语[M].北京:人民体育出版社,2009.

[17]罗伯逊.社会学(下)[M].北京:商务印书馆,1991:719.

[18]汪寿松.论城市文化与城市文化建设[J].南方论丛,2006(3):101.

[19]帕克.城市社会学[M].北京:华夏出版社,1987:41,154.

[20]科特金. 全球城市史[M]. 北京：社会科学文献出版社，2006：3.

[21]卢元镇. 体育社会学[M]. 北京：高等教育出版社，2001：211.

[22]维加雷洛. 从古老的游戏到体育表演[M]. 北京：中国人民大学出版社，2007：107

[23]王祥荣. 生态与环境：生态可持续发展与生态环境调控新论[M]. 南京：东南大学出版社，2000：55.

[24]郑杭生. 体育学概论新编[M]. 北京：中国人民大学出版社，1987：345.

[25]周爱光. 体育本质的逻辑学思考[J]. 武汉体育学院学报,1999(2)：19-21.

[26]熊斗寅."体育"概念的整体性与本土化思考：兼与韩丹等同志商榷[J]. 体育与科学,2004(2)：8-12.

[27]王春燕，潘绍伟. 体育为何而存在：20 世纪 80 年代以来我国体育本质研究综述[J]. 体育文化导刊,2006(7)：46-48.

[28]宋震昊."体育"本体论(二)：体育概念批判[J]. 南京体育学院学报：社会科学版,2006(3)：1-6.

[29]胡科，虞重干. 真义体育的体育争议[J]. 南京体育学院学报：社会科学版，2010 (4)：59-62.

[30]张军献. 寻找虚无上位概念：中国体育本质探索的症结[J]. 体育学刊，2010 (2)：1-7.

[31]崔颖波."寻找虚无的上位概念"并不是我国体育概念研究的症结：与张军献博士商榷[J]. 体育学刊,2010(9)：1-4.

[32]何维民，苏义民."体育"概念的梳理及匡正[J]. 武汉体育学院学报，2011(3)：5-10.